KB182682

일의 감각

조수용

일의 감각

Work
and
Sense

들어가는 말

일을 시작한지 올해로 32년째입니다. 그간 여러 회사에서
다양한 일을 하는 동안 사람들이 제게 물었습니다. 일을
더 잘하는 사람이 되려면, 좋은 감각을 가지려면, 디자인을
잘하려면, 더 나은 브랜드가 되려면 어떻게 해야 하는지
말입니다.

저는 디자인을 전공하고 디자이너로 일을 시작했습니다.
그저 일을 잘하고 싶은 마음에 몇 달을 밤새워 일하고 나면,
무엇이 더 나은 삶인지 알고 싶어서 새로운 도시로 떠나기를
반복했습니다. 전력을 다해서 일하고, 새로운 곳에서
호기심을 채워서 돌아오는 삶을 살았습니다.

'일 잘하는 사람'이 되기 위해 밤잠을 설치며 일에
몰두했건만, 그저 '감각이 좋은 사람'이라는 말을 들으면
기분이 좋으면서도 한편 억울하기도 했습니다. '감각이라는

게 그저 타고나는 거라면 노력은 의미 없는 건가'라는
생각이 들어서였습니다.

감각이란 무엇인지, 감각이 좋은 사람이란 누구인지
질문을 받을 때마다 저는 제가 어떻게 일을 시작했고, 어떤
마음가짐으로 일을 하는지로 이야기를 시작했습니다.

대학교 1학년 때부터 일을 시작했으니 일터에서 늘 가장
어린 편에 속했습니다. 어떻게 해야 일을 더 잘할 수 있는지
알고 싶어 늘 혼자 애를 썼습니다. 그렇게 일찍 사회생활을
시작할 수밖에 없었던 건 대학에 입학하면서부터 그전까지
전혀 몰랐던 현실을 처음 마주했기 때문입니다.

집이 어렵다는 건 알았지만 어느 정도인지는 몰랐는데,
대학교에 가서야 비로소 남들과의 경제적 차이를

체감했습니다. 잘사는 사람들의 세상 문밖에 서 있는 것처럼
느낄 때도 있었습니다. 당연히 학비와 용돈을 스스로
마련해야 했습니다. 하지만 저는 '궁핍하다'라고 느끼지는
않았습니다. 언제나 저를 믿어주는 어머니가 계셨기
때문입니다.

저는 한 번도 어머니에게 "공부해라" 하는 소리를 들어본
적이 없습니다. 어머니는 성적표조차 거의 확인하지
않으셨지만, 저는 학창 시절 내내 그럭저럭 좋은 성적을
유지했습니다. 제가 공부를 열심히 한 건 어머니가
원해서여서도 누가 시켜서도 아니었습니다. 일단 성적이
좋아야 내 삶에 선택권이 많아질 거라고 생각했기
때문입니다.

심지어 어머니는 시험 전날 저를 데리고 영등포 시장으로

옷을 사러 가셨습니다. 그러고는 직접 한 벌을 고르도록
했습니다. 어머니는 '어떻게 하면 공부를 더 시킬지'보다
'어떻게 하면 시험 공부에 지친 아들의 기분이 좋아질지'에
더 신경 쓰신 거죠. 제가 옷을 좋아하니, 새 옷을 입고 시험을
보러 가면 기분이 좋을 거라고 생각하신 겁니다. 그래서
저는 시험 이틀 전까지 대비를 어느 정도 마치고, 시험 전날
어머니와 외출하기를 기다리곤 했습니다.

그때 저는 삶을 살아가기 위한 오너십을 배운 것 같습니다.
성적이 안 좋으면 힘들어지는 건 저 자신입니다. 시험 공부를
미리 하든, 옷을 포기하고 공부를 더 하든 옷을 고르느라
하루 종일 옷 가게를 돌아다니든, 어머니는 제 삶의 크고
작은 선택과 그 책임을 스스로 지게끔 하셨습니다. 어머니는
아들이 본인보다 더 나은 선택을 할 것이라고 진심으로
믿으셨습니다.

선택에 따르는 책임은 오롯이 저의 몫이라는 걸 여러 경험을 통해 깨달았습니다. 어머니와 함께 쇼핑을 가면 한정된 예산 안에서 어떤 옷을 살지는 오직 제 선택이었습니다. 정해진 예산 내에서 가게들을 빠짐없이 둘러본 후, 햄버거를 먹으며 어떤 옷을 살지 어머니와 이야기를 나누었습니다. 가끔 그 결정이 잘못되면 그 옷을 입는 한 철 내내 후회했는데, 이 역시 온전히 저의 몫으로 남았습니다.

어머니는 제가 스스로 선택한 일은 잔소리 한마디 없이 묵묵히 지지해주셨습니다. 제가 컴퓨터에 관심을 가지자 없는 형편에도 컴퓨터를 사주셨고, 음악에 관심을 가지자 당시 부잣집에나 있을 법한 신디사이저를 사주셨습니다. 철마다 입고 신을 옷과 신발이 단 하나뿐인 집이었음에도 말입니다.

세상에 대한 저의 '감각'은 이런 경험에서 형성되었습니다.

어머니에게서 저는 스스로 책임지는 당당한 삶의 태도를 배웠습니다. 나는 '내 인생을 스스로 선택하는 사람'이며 '그에 따른 책임도 스스로 지는 사람'이라고 늘 생각했습니다. 종종 세상의 변두리에 있는 것처럼 느꼈지만 더 밀려 나지 않도록 마음을 다잡았습니다.

여러 회사와 각종 분야, 다양한 프로젝트를 넘나들며 일을 하면서도, 늘 저의 중심을 잡아준 것은 '스스로 책임지고 결정하는 마음가짐'이었습니다. 디자인과 브랜드의 형태로 도출되는 결과물과 '감각이 좋은 사람'이라는 평판의 이면에는, 매번 잘하고 싶은 마음과 일에 전념하는 마음, 어려운 선택의 순간에 나답게 결정하고자 노력한 시간이 있었습니다.

오랜 시간 일하며 쌓은 경험, 함께하는 동료들과 나눈

이야기, 그리고 틈틈이 정리한 생각을 이 책에 담았습니다.

사실 이 이야기들을 모아서 책으로 엮기까지는 정말 긴

시간과 용기가 필요했습니다. 저처럼 홀로 고민을 거듭하는

누군가에게 제 이야기들이 작은 의미가 될 수 있기를

바랍니다.

2024년 9월 어느날.

조수용.

CONTENTS

CHAPTER   2

감각

CHAPTER

CHAPTER

4 브랜드

CHAPTER   5

나로서 살아가는 나

CHAPTER

1

공감

오너의 고민

제가 디자이너로서 어떻게 그렇게 다양한 커리어를
쌓을 수 있었는지 궁금해하는 분들이 간혹 있습니다.
무엇이 성공이고 어떤 게 의미 있는 커리어인지는
논외로 하고, 어떻게 사회생활을 시작했고, 또
커리어를 이어왔는지 잠시 돌아보고자 합니다.

가장 먼저 든 생각은 매 순간 정말 운이 좋았다는
겁니다. 고백하자면, 치밀한 계획을 세우고 그것을
실현하기 위해 집념을 가지고 노력한 적은 없습니다.
예전이나 지금이나 늘 꿈을 향한 의지가 부족하며

스스로 게으르다고 느낍니다. 다만 그때그때
당면한 일만큼은 최선을 다했습니다. 대학 시절에는
집안 사정상 학비와 용돈을 직접 마련해야 해서
아르바이트를 잠시도 쉬지 않았습니다. 그렇게
프리랜서 디자이너로 일한 경험을 바탕으로 1999년
인터넷 서비스 기업인 프리챌에 석사병역특례로
입사했습니다. 또 그 경력을 바탕으로 네이버의 디자인
팀장으로 자리를 옮길 수 있었고요.

ㄴ 그때나 지금이나 인터넷이나 모바일 세상보다는
아날로그 세상에 관심이 많습니다. 운 좋게도 인터넷이
확산되던 시기에 웹디자인 1세대로서 디자인 일을 시작하게
되었고, 웹이나 모바일 브랜드를 맡을 때면 그때마다
운명으로 여기고 좋아하려고 노력했습니다.

저는 맡은 일에 꼼수를 쓰지 않고 하루하루 최선을
다하는 성실한 직장인이었습니다. 하지만 일이
돌아가는 게 제 상식에 맞지 않다는 확신이 들면 모든

방법을 동원해서 주변을 설득해 기존 방식을 바꾸려고
했습니다. 그래서 제게 직장 생활은 늘 좌충우돌
부딪힌 시간으로 기억됩니다.

돌이켜 생각해보면 디자이너가 서비스 기획을 하겠다,
마케팅을 하겠다, 건물을 짓겠다고 하는 것이 각
분야에 계신 분들 입장에서는 불편했을 것 같습니다.
'디자이너가 디자인이나 잘할 것이지'라는 냉소적인
피드백을 자주 들었고, 그게 일하는 내내 저를
따라다닌 꼬리표였습니다.

당시에 디자인 직군은 일을 주도적으로 만들어가는
직군이 아니었습니다. 인하우스 디자이너라면
사업 부서나 마케팅 부서가, 디자인 전문회사의
디자이너라면 클라이언트가 사업 전략, 마케팅 계획
등을 토대로 필요한 디자인을 요청하게 됩니다.
이처럼 디자이너는 누군가 미리 설정해놓은 방향성을

토대로 일을 시작하는 게 일반적이었습니다.
클라이언트의 기대치에 도달하는 디자인을
약속된 시간에 맞춰 납품하는 사람. 그게 좋은
디자이너였습니다. 내가 일을 주도하기보다
누군가 주도하는 일에 힘을 보태는 역할이었기에,
클라이언트가 없으면 일이 시작되지도 마무리되지도
않았습니다.

ㄴ 요즘은 디자이너들이 주도적으로 일할 수 있는
환경이 더 많이 만들어진 것 같아 감회가 새롭습니다.

그런 디자이너에게도, 남 일 아닌 내 일처럼 일할
수 있는 방법이 있습니다. 좀 비현실적으로 들릴지
모르겠지만 클라이언트의 일을 내 일이라고 생각하고
몰입하는 겁니다. 물론 디자이너에게만 통하는
방법은 아닙니다. 모든 직장인이 이렇게 일한다면, 내
상사를, 상대 부서장을, 회사의 대표를 쉽게 설득할 수
있습니다.

한 마디로 진정한 오너십을 가지자는 건데, 월급쟁이 직장인 입장에서는 오너십은커녕 '내 회사도 아닌데…'라는 생각이 드는 건 당연합니다. 하지만 저는 그렇게 일하면 재미가 없을 뿐더러, 결국 어차피 가야 하는 길을 돌아가게 된다고 생각합니다. 회사가 나를 월급만큼만 일하는 직원으로 생각하게 되는 것은 물론, 그저 '주어진 일을 하고 허락받기를 기다리는 사람'에 머무르게 됩니다. 이게 과연 나에게 좋은 일일까요?

모든 일에는 오너가 있기 마련입니다. 오너란 어떤 일이 잘되면 가장 득을 보고, 잘못되면 가장 큰 손해를 보는 사람을 일컫는데, 사장은 오너이기도 아니기도 합니다. 만일 경영과 소유를 완전히 분리했다고 하더라도 오너가 경영자에게 권한과 보상을 분명하게 위임하지 않았다면, 어떤 직책으로 불리든 오너의 역할은 같습니다. 어떤 조직에서든 결국 오너의 생각이 어떤지 알아야 하는 것이죠. 늘 오너가 옳다는 이야기가 절대 아닙니다. 그냥 기업의 속성이 그렇다는 말입니다.

ㄴ 오너와 상시 소통을 하기는 어렵겠지만, 적어도 입사나 퇴사의 순간에는 오너를 보고 결정을 내려야 합니다.

'이 직원은 믿어도 되겠다, 이대로 하면 손해볼 일 없겠다.' 회사가 이런 신뢰를 가지면 내 의견에 힘이 실리고, 내 생각을 펼치며 일할 수 있게 됩니다. 그 믿음이 가장 큰 직원에게 사장의 역할을 맡길 수도 있을 겁니다. 그러나 이처럼 신뢰를 쌓으려면 일을 잘하는 것보다 더 중요한 게 있습니다. 그것은 바로 오너보다 더 오너십을 가지는 것입니다. 물론 오너십을 가지고 일하면 시키는 대로 컨펌을 받으며 일할 때보다 부담이 엄청납니다. 하지만, 결국 그 부담이 쌓여 내 자산이 됩니다. 쉽게 말해, 오너의 신뢰를 얻으려면 오너의 고민을 내가 대신 해주면 됩니다.

대학 시절, 컴퓨터 그래픽을 독학한 뒤 명함을 하나 만들었습니다. 직함은 아트 디렉터라고 적었죠. 학생 신분의 아르바이트가 아니라, 전문디자이너로서 더 높은 비용의 디자인 일을 받으려면 최대한 프로페셔널해 보여야 했기 때문입니다. 그렇게 프리랜서 디자이너로 디자인 일을 하면서 깨달은 사실은, 내가 오너십을 가져야 클라이언트가 날 믿게 되고 오랜 관계로 이어진다는 것이었습니다. 어떤 디자인 업무를 의뢰받든, 제 관점에서 그 디자인의 필요성을 원점에서 재해석하고 사업 자체의 미래를 제안할 때 클라이언트가 만족했습니다. 어떤 때는 '제품부터 다시 만들어야 하지 않느냐, 이 제품은 경쟁력이 없는데 지금 디자인이 웬 말이냐'라며, 클라이언트에게 불편한 소리를 할 때도 있었습니다.

　ㄴ 그렇게 대학교 시절을 보내느라 학교 수업을 소홀히 했는데, 특히 그 시기에 교양수업을 제대로 듣지 않은 걸 나중에 많이 후회했습니다. 부족한 소양을 나이

들어서 혼자 매꾼다는 게 쉽지 않네요.

좋은 클라이언트들은 저의 이런 제안을 월권이라고
생각해서 기분 나빠 하지 않았습니다. 오히려 '아, 이
친구는 나보다 내 사업을 더 고민해주는구나'라며
고마워하고, 밥도 사주면서 이야기를 더 나누고 싶어
했습니다.

오너십을 가지고 일에 몰입하다 보면 "이번 일에는
제가 필요 없을 것 같은데요?"라고 말해야 하는 경우가
생기기도 합니다. 나를 쓰는 게 클라이언트 입장에서
돈 낭비라는 걸 알게 되는 거죠. 클라이언트의 일에
진심으로 몰입해서, 내 이익보다 그 오너의 사업을 더
중요하게 생각할 때도 있습니다.

저는 이런 경험을 통해 신뢰를 얻는 법을 배웠고,
직장 생활 내내 그런 마음가짐으로 일했습니다. 이

사업은 왜 하는가. 어떻게 하면 지속적으로 이익을 내며 성장할 수 있는가. 저의 고민을 늘 오너의 고민과 일치시키려고 했고, 오너에게는 보이지 않지만 내가 볼 수 있는 부분에 대해서는 오너도 그런 시야를 가질 수 있도록 도왔습니다.

　저는 이 일을 '오너의 그릇을 키우는 일'이라고 여겼습니다. 더 좋은 생각을 듣고 담기 위해 그릇의 크기를 키우는 것이 오너에게는 중요한데, 제가 그 작업에 도움이 되기를 바랐습니다.

'정상적인 오너'라면 내 고민을 치열하게 같이 해주는 사람의 이야기를 경청하기 마련입니다. 그렇게 신뢰가 누적된 것이 저의 커리어가 멈추지 않고 이어지는 데 큰 역할을 했을 것입니다.

하지만 아무리 열심히 일해도 좌절은 찾아옵니다. 아무리 설득해도 통하지 않기도 하고, 혹은

윗사람이 자기 아집에 빠져서 내 말을 들으려조차
하지 않을 때도 있습니다. 결국 일이란 그런 최고
결정권자(오너이거나 오너가 위임한 사람)에 의해
결정됩니다. 직원이 아무리 좋은 의견을 내도, 회사가
그 의견을 받아들일 그릇이 안 된다면 손쓸 방도가
없습니다. 이런 느낌이 누적될 때는 그 조직을 떠나도
됩니다. 저도 이런 이유 때문에 회사를 그만둔 적이
있습니다.

아무리 직원들끼리 좋은 방법을 찾아내고 유능한
컨설턴트를 찾아가 현명한 조언을 구해도, 오너가
관심을 가지지 않아 노력이 무색해지는 건 흔한
일입니다. 하지만 이런 일을 겪었다고 무기력에 빠지는
등 감정 소모를 할 필요는 없습니다. 이건 그저 세상
모든 일이 각자의 방식으로 공존한다는 방증이기
때문입니다.

회사의 운명은 오너의 태도로 정해진다고 봐도 됩니다. 그렇기에 세상의 많은 브랜드가 흥망성쇠를 겪는 것이며, 아무리 견고해 보이는 분야에도 새로운 기회가 열리는 것입니다.

돕고 싶은 마음

앞서 오너의 마음에 진심으로 공감하고 몰입하는
마음에 대해 이야기했습니다. 그 공감은 오너뿐 아니라
동료와 일할 때도 다르지 않습니다. 공감이라는 말이
너무 추상적이라면 '돕고 싶은 마음'이라고 생각하면
쉽습니다. 누군가를 돕고 싶은 따뜻한 마음이 있을 때
공감의 수준이 높아집니다. 타인에게 감정이입한다는
것은 '그가 잘되도록 돕는 일'이자 '그의 행복을
바라는 일'입니다. 나에게 주어진 일, 정해진 일만
보려고 하면 정작 진짜 중요한 일을 못 볼 때가
많습니다.

온라인 서비스의 '광고'를 예로 들어보겠습니다.
인터넷 포털 서비스나 모바일 메신저의 배너 광고를
보신 적이 있을 겁니다. 일반적으로 디자이너는
브랜드를 해치고 사용자의 시선을 방해한다는 이유로
광고 자체를 빼고 싶어 합니다. 하지만 비즈니스
성과를 내기 위해서는 광고를 하나라도 더 만들어
끼워 넣어야 하는 게 현실입니다.

저는 디자이너로서 이제껏 많은 서비스에 다양한
광고 포맷을 만들어왔습니다. 지금 당장 국내의 어느
포털 사이트를 들어가더라도, 첫 화면 중앙에 커다란
배너광고 자리가 있는 걸 볼 수 있죠. 프리챌 재직
시절 플랫폼의 수익모델이 뚜렷하지 않아, 고심 끝에
만든 광고 포맷이었는데, 사용성을 해치지 않으면서도
비즈니스에 도움이 되고자 하는 마음 끝에 만들어진
결과였습니다. 제가 제안했던 이 광고 포맷은 당시
업계에서 처음 시도된 일이었는데, 아직까지 국내

포털의 표준 포맷처럼 쓰이고 있습니다.

카카오톡 채팅 창 상단에 광고 배너를 넣은 것도
메신저로서는 상당히 도전적 시도였습니다. 수많은
테스트를 통해 광고가 메시징 환경을 해치지 않도록
세심한 '광고 디자인 가이드'를 만들고, 가이드를
준수한 광고만 게재할 수 있게 했습니다. 이 광고는
카카오의 중요 수익모델로 자리 잡은 것을 넘어
사실상 국내 모바일서비스 배너 광고의 표준 스타일이
되었습니다.
　　　　↘ 광고주에게 광고 디자인 가이드를 제시하고
규정을 지키도록 요구하는 건 실은 불가능에 가깝습니다.
돈을 내는 광고주가 '갑'이기 때문에 그렇습니다.

위에 언급한 두 가지 광고 형태는 그저 '보기 좋은
디자인'을 추구하는 디자이너라면 그 존재 자체를
부정할 것입니다. 하지만 적절한 수익모델이 없는

서비스에 대한 고민, 회사에 어떻게든 도움이 되길
바라는 깊은 공감이 있는 디자이너라면, 시키지 않아도
그 답을 찾아내려 할 것입니다.

'돕고 싶은 마음'은 사업의 성과 뿐만 아니라 함께
하는 동료들과 일하는 과정에도 꼭 필요합니다. 제가
JOH(제이오에이치)를 창업하고 세컨드키친이라는
레스토랑을 열었을 때의 일입니다. 정식 오픈 전에
주방과 홀에서 일하는 모든 직원의 부모님과 가족을
먼저 초대해서 식사를 대접했습니다. 직원들에게
부모님을 모실 수 있는 특별한 기회를 주고 싶었기
때문입니다. 먼 지방에서 올라와 아들에게 너무 특별한
대접을 받았다고 기뻐하며 펑펑 우시던 한 아버님이
기억납니다. 이렇게 서로 마음을 모아준 동료들
덕분에 세컨드키친의 팀워크는 늘 탁월했고, 언제나 한
식구 같은 마음으로 일할 수 있었다고 기억합니다.

관심 없는 사람들

오너와 동료에 대한 공감 만큼 중요하게 생각해야 할
사람이 있습니다. 바로 우리의 서비스 혹은 상품을
직접 쓰는 '사용자'입니다. '사용자를 진정 배려'하기
위해 가장 먼저 할 일은 뭘까요? 공감과 배려는
사용자를 분해하고 분석한다고 되는 게 아닙니다.
사용자는 디자인을 분석하거나 디자이너의 의도를
해독하려고 하지 않습니다. 그냥 느낍니다.
온라인 서비스를 만드는 디자이너들에게 자주
이야기했습니다. "관심 없는 사람들에 빙의해보세요."
디자이너라면 서비스에 아무 관심 없는 사람의 입장이

되어 봐야 합니다. 일반적으로 기획자나 디자이너는
서비스를 만들 때 자연스레 이 일에 이미 익숙해진
자신을 기준으로 삼을 때가 많습니다. 하지만 특정할
수 없는 다수가 쓰는 서비스인만큼, 관여도가 거의
없는 사용자의 눈으로 서비스를 바라봐야 합니다.

이유는 단순합니다. 그런 사람들이 우리가 만드는
서비스를 가장 많이 이용하고 구매하기 때문입니다.
그들이 네이버나 카카오톡을 보고 어떤 느낌을
받을지가 중요합니다. 일반 사용자가 카카오톡의
노란색이 살짝 어두워진 걸 눈치챌까요? 서비스에
아무 관심 없는 사람들이 카카오톡의 광고 위치가
3픽셀 밀린 걸 알아차릴까요?

공감은 우리의 타깃 고객이 알아볼 것과 그렇지 못할
것을 구분하고, 그들의 잠재의식 속에 남을 잔상을
유추할 때 시작됩니다. 그래야만 해야 할 일과 안

해도 될 일, 중요한 일과 중요하지 않은 일을 구분하기 쉬워집니다. 지금의 나를 지우는 훈련이 필요합니다.

그래서 저는 어떤 프로젝트에 본격적으로 몰입하기 전의 '나'를 박제해두고 종종 그때의 내가 되어보려고 노력합니다. 온라인 서비스 뿐만 아니라 제품이나 공간을 기획하고 디자인할 때도 마찬가지입니다. 네이버나 카카오 입사 전의 나, 별 생각 없이 호텔을 이용하던 예전의 나, 식당 가서 메뉴를 뒤적이는 손님 중의 하나가 되려고 합니다.

인천 네스트호텔 프로젝트를 맡았을 때입니다. 일반적으로 호텔 객실은 침대 발끝이 향하는 곳에 텔레비전이 위치하고 머리 쪽에 벽이 있습니다. 침대에 누워서 텔레비전 보는 상황을 주로 가정하는 겁니다. 반면에 네스트호텔은 발끝이 창가를 향하도록 침대를 배치했습니다. 창밖으로 서해 바다의 일몰과 일출이 보이는 호텔에서 텔레비전이 꼭 우선순위어야만 할까 하고 생각한 거죠. 그동안 호텔에서 묵었던 기억을 떠올려 보면, 창밖의 아름다운 풍경을 보는 순간이 좋았습니다. 그래서 침대의 헤드보드를 벽에서 떨어뜨려 책상으로 해석했고, 테이블과 소파, 짐 푸는 곳을 구조적으로 연결해서 방을 구성했습니다. 이 모두는 기존 호텔 객실이 하던 방식을 따르지 않고 호텔을 드나들던 '손님'의 관점에서 객실을 해석했기에 가능했습니다.

　↘ 이런 구조가 흔한 것처럼 보여도, 침대 한쪽을 벽으로 붙여서 한 방향만 쓰도록 하는 게 쉬운 결정은 아닙니다.

소비자가 진정 바라는 건 전문가만 알아보는 디자인이 아니라 바로 이런 '직관적 유용성'입니다. 소비자가 느끼는 불편에 대한 해결책을 떠올릴 방법은 오로지 평소 직접 소비자가 되어 보는 수밖에 없습니다.

전권을 가진 사람

제가 네이버에 입사할 때 이해진 의장님께 제안한
것은 단 한 가지였습니다. "디자인에 있어서만큼은
전권을 내게 달라"는 것이었죠. 당시 제가 20대였으니,
얼마나 당황스러우셨을지 이제 이해가 갑니다. 이해진
의장님은 고민 끝에 그 제안을 받아주셨습니다.

전권을 부여받는 게 마냥 좋은 일일 것 같지만, 엄청난
부담이 함께 따라옵니다. 하지만 저는 누군가에게
허락받으려고 일하지 않고, 소신을 가져야만 힘들어도
재미있게 일할 수 있는 사람입니다. 결국 수년의

시간이 흘러 저는 디자인을 넘어 마케팅, 서비스기획,
디자인, UI 개발, 사옥 건축 등 많은 업무에 상당한
전권을 가지고 일하게 되었습니다.

　　　ㄴ 네이버 재직 당시 디자인과 마케팅 통합조직의
명칭을 짓는 게 너무 어려웠습니다. 고민 끝에 모두를
포괄하는 단어가 Creative라고 생각했고 Creative Marketing
& Design의 약자인 CMD본부라고 지었습니다.

'오너십을 가지라'는 말은 마음만 그렇게 먹으라는
말이 아닙니다. 실제로 내가 맡은 일의 주인이 되라는
말입니다. 그러려면 첫 삽을 뜨고, 마지막 흙을 덮는
일까지 직접 살피려 노력해야 합니다.

이후 창업한 JOH에서 컨설팅을 맡았을 때는,
클라이언트에게 "이 프로젝트의 실행을 위해서는
조직개편을 염두해야 한다"라고 처음부터
당부했습니다. 아무리 좋은 전략 방향을 제시했다고

해도 기존 조직이 그대로 유지되면서 새 전략이 실행되기는 어렵습니다. 전략이 바뀌면 조직도 바뀌어야 하기 때문입니다. 쉽게 말해서, 이 프로젝트를 가장 잘할 수 있는 사람이 조직장으로 선임되고 권한을 가져야 합니다.

JOH의 일 중에서는 특히 사운즈한남 프로젝트가 기억에 남습니다. 부동산을 알아보고, 건물을 설계하고, 매장을 입점시키는 것까지 모든 걸 맡았습니다. 사운즈한남은 부동산 개발 프로젝트였습니다. 부동산 사업은 땅의 가치를 올려서 궁극적으로 해당 동네의 가치를 올리는 가장 임팩트 있는 사업이라고 생각했는데, 기존 부동산 개발업은 중개인을 만나 땅을 사고 설계사와 시공사를 만나고, 직접 분양하거나 대행사를 통해 임차인을 찾는 일련의 과정이 분절되어 있었습니다. 결국 공사 기간이 길고 투입 비용이 막대하기에 사공이 여럿이면 개발이 잘되기 어렵다고 생각했습니다.

저는 부동산 개발이 제대로 되려면 땅을 사고,
건물을 설계해서 짓고, 임차인을 구성하는 모든
과정을 한 사람이 책임감을 가지고 진행해야 한다고
생각했습니다. 그래서 JOH 설립 때 투자해주셨던 은인
같은 분을 찾아가서 저의 클라이언트가 되어달라고
부탁했습니다. 그 결과로 그분은 하나의 방향성을
가진 '사운즈한남'이라는 작은 마을의 주인이 될 수
있었습니다.

당초 사운즈한남은 고급 소형주택 프로젝트였습니다.
큰 평수의 고급 아파트와 빌라들이 모인 한남동 일대
590평 부지에 14~16평짜리 소형주택 14채를 지어
고수익형 레지던스로 기획했습니다. 크기는 작지만
높은 가치를 가진 집을 원하는 수요가 분명 있다고
생각했기 때문입니다.

그런 사람들이 사는 마을은 어떤 모습일까요?
집은 작아도 욕실은 쾌적하고, 단지 곳곳에 익명의
사람이 공유하는 '거실' 역할을 하는 공간이 있어야
한다고 봤습니다. 슬리퍼를 신고 1층으로 내려가면
식사와 함께 커피를 마실 수 있고, 서점에서 책을
뒤적이다가 저녁에는 친구를 초대해 와인을 즐길 수
있는 작은 마을을 상상했습니다. 사운즈한남의 중심에
서점 스틸북스와 와인 바를 만들고, 지하에 요가
스튜디오를 입점시키려 노력한 것도 그 때문입니다.
당시 주변 상권이 형성되어 있지 않기도 했고,
처음부터 일정 수준 이상의 퀄리티를 유지하는 것이
중요했기 때문에 이솝과 같은 뷰티 숍, 꽃집, 안경점,
편의점 등의 임차인 유치는 물론, 업장 운영까지
JOH가 직접 했습니다.

　　ㄴ 당시 JOH는 스틸북스, 일호식, 세컨드키친,
콰르텟커피, 라스트페이지를 직접 만들고 운영했지만 지금은
사운즈한남 운영에 관여하고 있지 않습니다.

땅의 구입부터 완성된 공간에서 월세를 내는 것까지
모든 걸 도맡은 셈입니다. 그 결과 사운즈한남은
'감각 있는 복합문화 공간'으로 인식되어 사람이
모여들었고, 모든 주택은 성공적으로 임대되었습니다.
사운즈한남은 제가 했던 일 중 가장 의미 있는
프로젝트였습니다. 오너십이 있다면 처음부터 끝까지
다른 방식으로 일을 해낼 수 있고, 그 결과물에 감각이
살아 숨 쉴 수 있음을 증명한 사례입니다.

영종도 네스트호텔도 부지 선택 이후의 모든
프로세스를 위임받았던 프로젝트입니다. 저는
인천공항 가까이에 위치한 이 호텔이 공항 근처에서
흔히 볼 수 있는 특색 없는 환승호텔로 인식되지
않기를 바랐습니다. 오히려 휴식을 취하고 영감을
얻기 위해 일부러 찾아가는 호텔이 되기를 바랐고,
해외 브랜드에 라이선스 수수료를 지급하지 않는
독자 브랜드가 되어야 한다고 생각했습니다. 그리고

그런 호텔을 만들려면 꼭 전권을 위임받아야만 했습니다. 결국 저는 호텔 콘셉트의 기획, 건축설계, 네이밍과 브랜딩, 가구와 소품 선정, 레스토랑 메뉴 하나까지 모든 부분에 경계를 두지 않고 내 일처럼 몰입했습니다. 그 결과 영종도 네스트호텔은 한국 최초로 디자인호텔스 닷컴designhotels.com에 리스팅되었고, 지금도 많은 사람이 시간을 내 일부러 휴식을 위해 찾는 공간이 되었습니다.

이렇듯 프로젝트를 진행할 때는, 사공이 하나여야 목표로 한 세계관을 제대로 구현할 수 있습니다.

나의 취향과 세상

사운즈한남, 네스트호텔이 성공한 게 과연 저나 JOH
직원들의 취향이 좋아서였기 때문일까요? 아닙니다.
어떤 일이 성공하려면 나만의 취향에서 한 발짝 더
나아가야 합니다. 나의 선호와 타인에 대한 공감이
만나는 지점, 서로 밀고 당기는 압력이 느껴지는 그
미세한 지점을 찾아내야 하는 것입니다. 내 취향과
세상의 취향이 만나는 지점입니다.
우선 '나'로부터 시작해야 합니다. 일단 무엇보다
내가 좋아하는 것에 대한 이해가 남달라야 합니다.
무언가를 좋아한다는 것은 그 분야를 잘 안다는

것을 전제로 하며, 많이 알면 알수록 더 구체적으로
좋아하게 됩니다.

제게는 좋아하는 것을 '디깅'하는 저만의 순서가
있습니다. 예를 들어 자전거를 하나 사고 싶으면 오랜
시간 자전거의 세계를 탐험합니다. 첫 시작은 가장
비싼 자전거, 하이엔드 브랜드를 알아봅니다. 그리고
전문가용과 보급형으로 시장을 구분해서 찾아보고,
단계를 내려가며 마음에 드는 자전거를 집요하게
찾습니다. 마지막으로는 자전거 커뮤니티의 댓글을
살펴봅니다. 또 그 분야의 잡지를 찾아서 광고까지
빠짐없이 봅니다.

이런 방식의 좋은 점은 해당 시장의 전반적인 분위기를
파악할 수 있다는 것입니다. 그저 내 소비만을 위한
거라면 추천받은 특정 브랜드만 살펴봐도 충분합니다.
반면 사람들에게 사랑받을 만한 새로운 기획과

감각적인 아이템을 찾고 싶다면 사람들이 시장을 보는 방식을 알고 거기에 공감할 수 있어야 합니다. '나는 이 자전거가 좋은 것 같은데 저 사람은 왜 저 자전거가 더 좋다고 할까?'를 궁금해해야 합니다. 그게 바로 공감 능력을 키우는 과정입니다.

ㄴ 저는 너무 전문가스럽지 않으면서 기가 막히게 접히는 기능적 아름다움에 반해 브롬톤Brompton의 자전거를 선택했고, 이 브랜드를 매거진 〈B〉 5호에서 다뤘습니다. 이후 몰튼Moulton을 알아보는 데까지 이어졌지만… 지금은 몰튼을 현관에 잘 모셔두고 있습니다.

사람들의 관점과 나의 취향, 이 두 관점이 공존해야만 독자적 감성이 담겼으면서도 세상에 필요한 무언가가 탄생할 수 있습니다. 2012년 JOH에서 오픈한 한식집인 '일호식' 역시 나의 취향과, 사람들이 식당을 찾는 방식 사이에서 태어났습니다.

저는 건강을 위해 현미밥을 찾아 먹습니다.

사람들은 일호식에 와보고는 '와, 현미밥 아이디어 좋네요'라고 이야기했지만 제 입장에서는 우연히 떠올린 아이디어가 아니었습니다. '외식할 때 먹고 싶은 밥'을 떠올렸을 때 저의 취향은 현미밥이었는데 그때나 지금이나 현미밥을 파는 식당은 거의 없습니다.

이어서는 '매일 밖에서 식사하는 사람들은 주로 무엇을 사먹는지' 주목하며 오래도록 시장을 관찰했습니다. 그 결과 늘 먹는 집밥 같은 한식을 건강하고 세련되게 파는 식당에 대한 니즈를 찾았습니다. 건강한 '샐러드'가 아닌 건강한 '한식'이 시장의 숨은 요구였습니다. 이 두 가지가 만나 일호식의 콘셉트가 나왔습니다. 일호식은 많은 사람들의 사랑을 받았고, 미쉐린 빕 구르망에 연속으로 선정될 정도로 인정받았습니다.

두 번째 식당인 세컨드키친에 대해서도

이야기해볼까요?

식사할 때 와인 한잔을 곁들이면 기분이 좋습니다.
하지만 와인 주문은 늘 어렵습니다. 와인을 공부해야
한다는 부담이 늘 있습니다. 메뉴판을 보면 국가별로
비싼 것부터 싼 것까지 리스트가 있는데 뭘 골라야
할지 몰라서 늘 가격대에 맞춰 추천해달라고 말하게
됩니다. 세컨드키친 또한 식사 때 곁들일 와인을
가볍게 주문하고 싶다는 저의 욕구와, 와인을
주문할 때 매번 고심하는 사람들의 모습에서
착안한 레스토랑입니다. 그 결과 같은 가격대의
와인 50가지 중에서 맛과 향으로만 와인을 고를 수
있는 와인 메뉴판이 세컨드키친의 주된 상징으로
자리잡았습니다.

　　　↘ 아쉽게도 일호식과 세컨드키친은 브랜드 매각
이후 코로나 시기를 버티지 못하고 모두 문을 닫았습니다.

이렇게 '내가 좋아하는 것'과 '타인에 대한 이해'가

50

만나는 지점에서 많은 사람들이 공감하는 결과물들이 만들어 졌습니다. 저는 내 취향을 깊게 파고, 타인에 대한 공감을 높이 쌓아 올린 결과 만들어지는 것이 '감각'이라 생각합니다. 다음 장에서는 감각에 대해서 더 이야기해보도록 하겠습니다.

대학 시절에 만든 첫 명함, 1994
zit은 '동작'을 뜻하는 순우리말 '짓'이다. 대학교 2학년 때 만든
이 명함으로 많은 일을 했다.

프리챌 사원증, 1999
서비스 심볼을 인쇄 환경이 아닌 스크린 환경에 맞게 바꿔야 한다고
생각해서 형태가 정해져 있지 않은 비정형 심볼을 디자인했다.
필요한 곳에서 필요한 사이즈로 자유롭게 변형되는 모자이크
패턴으로 프리챌을 상징했고, 비정형의 형태로 개인의 집합이라는
커뮤니티의 속성을 표현했다.

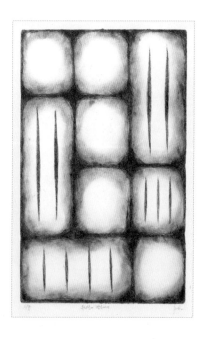

대학 시절 제작한 판화 '유리창에 칼집 내기', 1994
유리창을 칼로 찍으면 깨져야 하는데, 유리가 안 깨지고, 대신
유리창에 칼집의 흔적이 남은 모습을 표현했다.

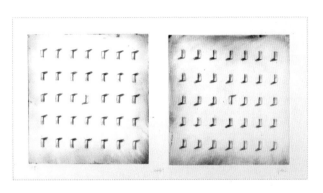

대학 시절 제작한 판화 '내가?', 1994
같은 판을 두 번 찍어 만든 판화 작품이다.
왼쪽은 가운데 막대만 바로 서 있고, 다른 모든 막대가 뒤집어져 있다.
오른쪽은 같은 판의 위아래를 뒤집어 찍어서 가운데 막대만 뒤집혀
있고 나머지가 바로 서 있다. 나만 바로 서 있는 건지, 나 혼자 거꾸로
서 있는 건지 번민하는 마음을 담았다.

네이버 그린윈도우, 2007
녹색의 네모창만으로 네이버 검색창을 떠올리도록 했다.

네이버 나눔 글꼴, 2008
화면에서 보기도 좋고, 아무렇게나 인쇄했을 때도 아름다운 글꼴을
원했다. 모니터를 떠나 우리의 일상 곳곳에서 보이는 글꼴이
아름다워야 세상이 조금 더 아름다워질 거라고 생각했기 때문이다.

네이버 그린팩토리, 2010
녹색 외벽으로 보이지만, 실은 투명 유리창이고 녹색은 내부
블라인드의 색상이다.

네이버 그린팩토리 치카치카룸, 2010
직원들을 위해 화장실과 분리된 양치 전용 공간
'치카치카룸'을 모든 층에 만들었다.

네이버 그린팩토리 비상계단 디자인, 2010
직원들이 계단을 운동 삼아 오르내릴 수 있도록 비상계단 내부의
공기를 쾌적하게 만들고 걸맞은 그래픽을 그려넣었다.

네이버 그린팩토리, 2010
건물 내부에 있는 녹색의 대형 금속 블라인드를
열고 닫으면 채광을 조절할 수 있다.

네이버 그린팩토리 지하 주차장 엘리베이터 버튼, 2010
주차하면서 들은 소리를 기억하면 주차 층을 찾을 수
있도록 했다.

애플 키노트 행사에 연사로 선 스티브 잡스, 2010
스티브 잡스를 너무 좋아해서 어렵게 참석한 샌프란시스코
애플 키노트 행사. 관중석에서 직접 찍은 사진으로 기술과
인문학의 교차점 이야기를 하는 전설적인 장면을 포착했다.

CHAPTER

2

감각

감각의 원천

'감각'이라는 주제로 다양한 사람과 대화를 나누면서 느낀 것은, 사람마다 감각에 대한 정의가 서로 다르다는 사실이었습니다. 패션 감각, 예술 감각, 비즈니스 감각, 운동 감각, 유머 감각 등 '감각'이라는 말은 여러 의미로 쓰이지만, 제가 생각하는 감각은 '현명하게 결정하는 능력'입니다. 그 감각에 대한 이야기를 해보려고 합니다.

"감각적인 디자인은 어떻게 탄생하나요?"

실제로 저는 이런 질문을 많이 받습니다. 감각이란 무엇인지 살펴보려면, 감각적인 결과물이 탄생하는 과정을 처음부터 끝까지 따라가 보면 됩니다. 이럴 때 제가 자주 드는 예시가 있습니다. '볼펜 디자인'에 대한 이야기입니다.

볼펜은 대단할 것 없는 일상 용품이죠. 하지만 감각적인 디자인 과정이란 대상에 따라 크게 달라지지 않습니다. 감각적인 볼펜 디자인이 탄생하는 과정은 감각적인 공간을 만드는 과정과 큰 틀에서 같습니다. 그럼 여기서 감각적인 볼펜 디자인의 탄생 과정을 한번 같이 상상해 보겠습니다.

그전에 우선 감각적인 디자이너라고 하면 이런 모습을 떠올리실 것 같습니다.

1. 볼펜 디자인을 의뢰받는다.

2. 카페에 앉아서, 혹은 산책을 하면서 영감을
떠올린다.
3. 순간 떠오른 영감을 붙잡아 냅킨이나 수첩에
휘리릭 스케치한다.

이런 상상이 흔한 이유는, 많은 사람이 감각은 '천재의
것'이고 '타고나는 것'이라고 생각하기 때문일 겁니다.
또 감각이란 아무나 가질 수 없는 것이며, 노력해서
되는 게 아니라고 여기기도 합니다. 하지만 제 생각은
다릅니다. 디자인을 전혀 배우지 않은 사람이라도
감각적인 볼펜을 디자인할 수 있습니다.

두 가지 상상을 따라가보겠습니다. 우선 첫 번째
상상입니다. 어느 날, 친구가 당신에게 찾아와서
이렇게 부탁합니다.

"미안한데, 나 볼펜 하나만 간단히 디자인해줄래?

회사 기념품을 갑자기 만들게 되었어. 내가 나중에 밥 한번 살게."

부담 없는 부탁입니다. 아마도 당신은 "이 정도면 되겠지" 하면서 남는 시간을 이용해 흰 종이 위에 볼펜으로 스케치를 시작할지 모릅니다. 사뭇 진지한 표정을 지을 수도 있습니다. 휙 그려봤더니 생각보다 근사한 그림이 나와서 스스로 놀랄 수도 있을 거고요. 하지만 이런 방식으로 감각적인 디자인이 탄생하는 일은 거의 없습니다. 감각은 우연의 산물이 아닙니다.

이제 두 번째 상상입니다. 어느 날, 멋진 슈트를 차려입은 누군가가 당신을 찾아와서 이렇게 제안합니다.

"볼펜 디자인을 부탁합니다. 디자인 비용은 10억 원을 생각하고 있습니다."

절대 거절할 수 없는 부탁입니다. 10억 원은
적은 돈이 아니니까요. 두근거리는 마음으로
의뢰를 받아들이기로 한 당신, 어떻게 디자인을
시작하시겠습니까? 이번에도 아까처럼 바로 스케치를
시작할 수 있을까요? 그러지 못할 겁니다. 대신 생전
처음으로 볼펜에 대한 묵직한 질문을 던지게 되겠죠.

'그런데 도대체 볼펜이란 무엇인가? 10억 원짜리
디자인의 볼펜이란 대체 어때야 할까?'

그리고 아마 누가 시키지 않아도 본능적으로 볼펜을
알아가기 시작할 겁니다. 볼펜의 정의와 역사, 핵심
기술, 가장 많이 팔린 볼펜, 가장 쓰기 좋은 볼펜….
방대한 자료를 모을 수 있는 만큼 모으려고 할 겁니다.
저라면 10억 원의 일부로 비행기표를 사서 일단
여행을 떠나겠습니다. 전 세계의 큰 문구점을
돌아다니며 배낭을 볼펜으로 가득 채워 돌아올

것입니다. 생각해보세요. 10억 원짜리 디자인입니다.
대충 할 수 없는 일입니다. 내가 디자인을 내봤는데,
과거에 이미 인기 있었던 상품과 비슷하면 곤란합니다.

만일 볼펜을 잔뜩 모아 왔다면, 그렇게 모은 볼펜을,
당신은 다시 본능적으로 분석하기 시작할 겁니다.
테이블 위에 모두 쏟아놓고 나름의 방식으로 분류를
하지 않을까요? 내가 보기에 좋아 보이는 볼펜과
납득할 수 없는 볼펜, 비싼 볼펜과 저렴한 볼펜,
필기감이 좋은 것과 나쁜 것….

이렇게 몇달간 볼펜을 끝없이 파 들어간 당신에게는
어느새 볼펜 보는 눈이 생깁니다. 많이 팔린 볼펜은
무엇이 다른지, 못생겨 보이지만 필기감이 좋은
볼펜에는 어떤 특징이 있는지, 사람들은 어떤 볼펜을
선호하는지, 시장의 최신 디자인 흐름은 어떻게 변하고
있는지를 저절로 알게 됩니다.

그 흐름이 보이기 시작하면 자연스레 깨닫게 됩니다. 볼펜이라는 제품의 본질은 '이것'이며 전략의 갈림길에서 선택해야 할 길은 바로 '여기'라고 말입니다.

그러고는 볼펜을 디자인하기 전에 먼저 전략 방향을 정하는 미팅을 요청할 것입니다. 모두를 만족시키는 볼펜은 없고, 디자인보다 중요한 건 전략이라고 말하면서요. 그런 미팅으로 전략이 정해지면, 가장 중요한 전략이 드러나는 디자인 요소를 강조하고, 중요하지 않은 것을 과감하게 생략하는 과정을 반복합니다. 그 결과 앞서의 전략이 더 뚜렷하게 드러나게 됩니다. 이것이 제가 생각하는 감각적인 디자인이 탄생되는 과정입니다.

　　＼ 요즘에는 볼펜을 거의 안 쓰지만 제가 예전부터 해왔던 이야기이기에 그대로 담았습니다. 사실 저는 0.7밀리미터 샤프펜슬을 오래전부터 좋아했습니다.

70

이렇게 해당 분야의 현재와 그 흐름을 이해한 뒤
'지금 필요한 것'을 발견하고 재구성해서 더 현명한
방향을 제안하는 능력. 이것이 제가 생각하는 좋은
감각입니다.

그렇다면 이런 감각은 어디에서 나오는 걸까요?
'마음가짐'에서 나오는 겁니다. 친구의 부탁으로
디자인을 하는 마음과 10억 원이라는 비용을 받고
디자인을 하는 마음은 천지 차이일 수밖에 없습니다.
자신이 맡은 모든 일이 10억 원짜리 일이라고
상상하는 사람의 결과물은 '받은 만큼만 일한다'라고
생각하는 사람의 결과물과 같을 수가 없겠죠. 그러니
이런 마음가짐으로 일하는 사람에게는 저절로 감각이
생깁니다.

다시 말하지만, 감각의 시작은 마음가짐입니다.
실제로 얼마의 대가를 받았든, 맡은 일은 대충 할 수

없다고 생각하는 마음가짐입니다. 모든 일을 10억 원짜리 의뢰처럼 여기는 겁니다. 이렇게 일하는 사람은 어떤 일을 맡아도 그 사람만의 감각적인 결과물을 내놓습니다. 로고를 디자인해도, 인테리어를 해도, 모바일 페이지 한 장을 만들어도 마찬가지입니다.

본질적인 질문을 던지고, 세상의 흐름을 알기 위해 끊임없이 공부하며, 사소한 일을 큰일처럼 대하는 마음가짐을 가지는 것. 이것이 감각의 원천입니다.

좋아하려는 노력

감각이 좋은 사람에겐 어떤 특징이 있을까요? 그들은 '모험가'처럼 살려고 노력합니다. 파악하려는 대상을 억지로 암기하듯 공부하지 않습니다. '몰입하는 시간'과 그렇지 않은 시간을 구분하지 않고, 평소 대상의 주변을 돌며 계속 무언가를 '발견'하려고 합니다.

앞서 볼펜 디자인을 예로 들어 감각에 대해 설명했습니다. 근사한 볼펜 한 자루를 만들기 위해 전 세계를 누비고 다니는 일, 지금 세상에 어떤 볼펜이 존재하며 그 평균치는 어떠한지 알아보는 일. 이 모든 건 분명·조사이자 공부처럼 보일 수 있지만 그 과정이 너무 괴롭지 않아야 합니다. 이건 어디까지나 세상을 바꿀 일의 작은 시작일 뿐이거든요. 그 기본적인 작업을 수행하는 데조차 부담을 느낀다면 금방 지칠 수밖에 없습니다.

감각이 좋은 사람은 이 모든 행위를 공부가 아닌 일상으로 대합니다. 우리가 재미있는 일, 즐거운 일, 재미있는 영화, 맛있는 메뉴를 찾듯이요. 그에게는 대상을 탐색하는 게 바로 일상입니다.

커피에 비유를 해보죠. 커피를 마시는 게 즐거운 사람은, 어디를 가든 커피에 가장 먼저 관심이 갑니다. 어느 도시에서든 그곳에서 가장 유명한 카페에 먼저 들르겠죠. 잡지를 뒤적이다가 커피 브랜드의 론칭 소식을 보면 꼭 한 번 찾아가 보려 할 거고요. 그

사람에게는 커피의 맛을 찾는 일이 공부나 리서치가
아닌 겁니다. 본능적인 호기심을 채우는 일상이죠.
원두 농장, 커피를 발효하거나 세척하는 방식, 로스팅,
추출 방법 등 다양한 변수를 탐험하며 스스로 일상을
채워갑니다.

그럼 누군가는 말하겠죠. "살다 보면 좋아하는
일보다 싫어하는 일을 할 때가 더 많다"고요.
사실입니다. 첫 만남부터 좋아하는 일을 찾을 수도
있지만, 대부분 그렇지 못합니다. 이럴 때 마음을
살짝 다르게 먹어보면 어떨까요? 일에 대한 두려움을
'극복'하겠다는 생각은 버리고, '새로운 발견'에
관심을 가져보는 거죠. 관심 없거나 힘든 일도 일단
해본 뒤 스스로 물어보는 겁니다. '그럼에도 재밌는
부분이 있지 않았을까?' '그게 뭐였을까?'

이처럼 마음이 열린 사람에게, 일은 더 이상 '재밌는

일', '힘든 일'로 구분되지 않습니다. 내가 해야 할
모든 일이 '좋아하는 것을 찾을 기회'가 됩니다.

저는 '좋아하는 일을 찾으라'는 이야기에 대한
대답으로 '내가 도대체 뭐를 좋아하는지 모르겠다'며
푸념하는 경우를 종종 봐왔습니다. 좋아하는 걸
찾아서 그 분야를 직업으로 삼는다면 더할 나위
없겠지만, 사실 그런 경우가 흔한 건 아닙니다. 결국
내가 해야 할 일이 정해지면, 거기서 의미를 발견하기
위해 그 주변을 계속 맴돌며, 좋아하려고 노력해야
합니다. 어떤 것이든 좋아해보려고 노력하는 마음이
감각의 시작입니다.

가상 쇼핑

자연스레 여러분은 궁금해지실 겁니다. 어떤 일을
좋아하는 일로 만드는 '구체적인 방법'을 말이죠. 한
가지 팁을 드리자면, 낯선 분야에 '쇼핑하듯 접근'하는
겁니다. 이 방법을 쓰면 평소 관심이 없었거나,
스스로 벽을 세웠던 분야도 비교적 쉽게 들여다볼 수
있습니다.

예컨대 순수미술에 대해 알고는 싶은데 그림 보는 법도
모르고, 어떻게 그림을 사는지도 모른다고 합시다. 큰
전시장에서 매년 열리는 아트 페어는 늘 성황이라지만,

어딘가 남의 일 같이 느껴지고 고등학교 미술 시간에 느낀 따분한 감정이 밀려옵니다. 저를 포함한 많은 분들이 순수미술을 떠올리면 드는 느낌일 겁니다.

어느 분야든 처음에 모르는 건 당연합니다. 하지만 위축될 필요는 없습니다. 낙서 같아 보이는 그림이 수억 원에 거래되는 걸 보고, '난 저 세계를 이해하지 못하겠다'라며 등 돌리지 않아야 합니다. 마음을 바꿔 '방 벽에 걸어둘 그림을 사러 가볼까?' 하고 생각해보기로 합니다.

아이와 함께 큰 아트 페어에 가서 쇼핑하듯 처음 시작해보기를 권합니다.
"30만 원 예산 안에서 네 방에 놓을 그림을 하나 골라봐. 아빠가 사줄게."

미술이나 아트 페어에 전혀 관심 없던 아이들도,

'쇼핑한다'고 생각하는 순간 그림을 다르게 보기 시작합니다. 미술에 대한 이해를 떠나, 온전히 '어떤 그림을 방에 걸어야 계속 좋아할 수 있을지' 탐색하기 시작합니다. 선택의 기준이 훨씬 단순해지는 겁니다.

아는 그림, 사고 싶은 그림이 없기 때문에 답을 찾으려면 그림을 더 많이 볼 수밖에 없습니다. 대충 보고 '다 비슷하고 재미없다'라며 진작에 집에 가자고 할 아이들이, 가격표까지 확인하면서 몇 바퀴를 더 돌아봅니다.

　　 아트 페어에서는 시장처럼 편하게 미술품의 가격을 묻고, 작품 설명을 요청해도 됩니다. 실제로 이런 과정을 거쳐 그림을 구입하게 된다면 그 작품은 가족에게 아주 의미 있는 작품으로 남겠죠. 이곳에서는 신인작가들의 그림을 생각보다 저렴한 가격에 구매할 수 있습니다.

다음에는 쇼핑 예산을 몇백만 원, 몇천만 원이라고

상정하고 페어를 돌아봅니다. 마음가짐이 달라지니 그림 앞에서 묻는 질문도 달라지고, 그림이 왜 이 가격인지 궁금해지다가 심지어는 생각지도 못했던 그림이 정말 갖고 싶어지기도 할 겁니다.

일상 속에서 쇼핑에 집중하는 일은 '내 취향을 깎고 다듬어가는 과정'과 같습니다. 물건을 사지 않아도 그 과정만으로 좋은 경험이 됩니다. 저는 예전이나 지금이나 틈날 때마다, 욕실 수건부터 빌딩까지, 가상 쇼핑을 즐깁니다.

성실한 '왜'

감각은 천부적으로 타고나는 직관에 가까운
재능일까요, 아니면 성실한 노력으로 성장시킬 수 있는
영역일까요? 저는 후자라고 생각합니다. 성실함으로
감각을 조금씩 성장시키고 나면 마치 직관처럼 그것이
떠오르게 됩니다.

종종 이런 질문을 듣습니다. "우리 아이의 감각을
키워주려면 어떻게 해야 할까요?" 답은 하나입니다.
부모님이 항상 어떤 대상을 성실하게 좋아하시면
됩니다. 사소한 일상부터 큰일까지, 그렇게 사는

모습을 평소에 보여주면 됩니다.

취미가 아닌 일상이 그래야 합니다. 우리는 오늘
볼 영화를 고르고 오늘 입고 나갈 옷을 고릅니다.
여행지를 고르고 점심 메뉴를 고르죠. 우리가
살아가는 삶은 선택의 연속입니다. 이런 일상에도
대상을 알아가고 범위를 넓혀서 경험하고 취향을
좁히는 과정을 반복하는 성실함이 있어야 합니다.
내가 좋아하는 것을 고르고, 싫어하는 것을 피하는
과정에서 감각이 쌓이기 때문입니다. 어떤 분야에서
내가 뭘 좋아하는지 발견하려면 먼저 그 시장을
구체적으로 파악해야 합니다. 내 취향으로 좋은
것을 발견해낼 줄 아는 사람이 결국 감각적인 결과를
만듭니다.

좋아하는 게 확실하다는 말을 '까칠하다'라는 표현과
연결 지어 생각할 수도 있지만, 저는 그렇게 생각하지

않습니다. 제 기준에서 감각적인 사람은 까칠하지
않습니다. 까칠한 사람은 그냥 까다로운 사람이지
감각적인 사람은 아닙니다. 성실한 과정의 결과로
나의 선호가 생기면 반드시 타인의 취향 또한 같은
깊이로 인정하게 되기 때문입니다. 이처럼 좋고 나쁨의
이분법이 아닌 다양성의 눈으로 세상을 보는 것은
감각을 키우는 데 아주 중요한 과정입니다.

비스킷 하나, 운동화 하나를 사기 위해 여러 제품을
살펴보는 이유는 까칠한 사람이 되고 싶어서가
아닙니다. 그런 사소한 결정도 애정을 가지고 해야
하기 때문입니다. 이처럼 사소한 것 하나를 고를 때도
가족과 의견을 나누며 자란 아이는 저절로 자신의
감각을 키우는 습관을 가지게 될 것입니다.

다시 한번 강조하지만, 매사에 까다롭다고 감각이
좋은 게 아닙니다. 오히려 좋아하는 것을 찾다가

대상을 폭넓게 알게 되면, 그 어떤 것도 거부하지 않고
각각이 지닌 의미를 받아들이게 됩니다.

자신이 좋아하는 것에 대한 감각이 커지는 만큼
타인의 감각도 존중할 수 있는 사람이 되어야 합니다.
가장 현명한 결정을 내리기 위해서는 상대의 감각을
존중하며 서로의 생각과 이유를 차분히 묻는 과정을
꼭 거쳐야 합니다.

맞는 디자인

감각이 좋은 사람은 디자인을 보는 관점이 다릅니다.

우리는 디자인을 이야기할 때, 쉽게 '좋은'
디자인이라고 표현합니다. 그런데 좋은 디자인이란
무엇일까요? 이 질문에 대한 답을 주고받다 보면
'누구에게 좋은 디자인이라는 건가'라는 질문에
도달하게 됩니다. 아무리 좋은 디자인도 모든 사람을
만족시킬 수 없으니 '좋다'라는 말은 특정인의 취향을
나타낼 뿐입니다.

좋은 디자인Good Design보다 맞는 디자인Right Design이라는 사고에 익숙해져야 합니다. 아무리 좋아 보여도 제품의 의도와 본질을 잘 전달하지 못했다면 '맞지 않은 디자인'이고, 내 눈에 촌스러워 보이는 디자인도 의도를 잘 표현해서 전달했다면 '맞는 디자인'인 겁니다.

몇십 년 된 노포 식당이 어느 날 갑자기 세련된 인테리어로 단장한 걸 보고 왠지 그 가게의 중요한 무언가가 사라진 것 같다고 느낀 적이 있을 겁니다. 또 사람들이 세련되고 심플한 스마트폰에 각자 '취향'에 따라 다양한 디자인의 케이스를 덧씌워서 쓰는 데는 보호 이상의 이유가 있습니다.

'맞는 디자인'이란 누구에게나 보기 '좋은' 디자인이 아니고 우리 브랜드의 지향점과 '맞는' 디자인입니다. 이 관점으로 디자인을 보기 시작하면 세상에 좋은 디자인과 나쁜 디자인은 없습니다. 지향점과 취향의 차이가 있을 뿐입니다.

애플에는 미니멀한 아이폰이 '맞는 디자인'인 것이고,
페라리에는 근육질의 화려한 곡선이 '맞는 디자인'인
겁니다. 두 디자인 중에 더 나은 디자인이란 없습니다.
브랜드의 지향점에 맞는 디자인이라면, 그게 그
브랜드에게 좋은 디자인입니다.

　　학생들을 보면 유난히 '심플한 디자인'이 좋은
디자인이라고 믿는 경우가 많습니다. 하지만 그건 디자인을
쉽게 하려고 하다가 생긴 취향일 가능성이 높습니다. 물론
제 개인적으로 '좋은 디자인'이라고 생각하는 디자인은
많습니다. 제 취향에 '맞는 디자인'이죠. 그런 디자인들은
다음에 책을 쓴다면 한 번 따로 모아볼 생각입니다.

개발자가 한 디자인

좋아 보이는 서비스나 제품에는 공통점이 있습니다.
'오래 붙잡고 디자인한 것처럼 보이지 않는다'는
것입니다. 저는 '천재가 1초 만에 한 디자인'이라는
표현을 우스갯소리처럼 자주 씁니다. 아주 잘해야
하지만 오래 고민한 흔적이 남지 않아야 한다는
의미로 쓰는 표현입니다.

푸드 디자인을 예로 들어 보죠. 음식은 어떻게
보여지는지가 정말 중요합니다. '플레이팅'이라고도
하죠. 하지만 사람들은 음식을 먹기 위해 주문하지

테이블 위에 두고 감상하려고 주문하진 않습니다. 물론
눈이 즐거우면 맛도 배가되고 사진이 멋지게 나오면
맛이 없어도 용서된다고는 합니다만, 어디까지나
'먹는다'는 본질을 뒷받침하는 디자인이 좋은
디자인입니다. 그래서 음식에 있어서 좋은 디자인이란,
디자인하려 애쓴 티가 나지 않는 플레이팅입니다.

조금 극단적 예를 들어 보겠습니다. 파스타를
주문했는데 파스타 면을 한 올 한 올 정리해서
쌓아올린 듯한 플레이팅이 나왔다고 합시다. 그럼
굉장히 오랫동안 공들인 정성은 느끼겠지만, 선뜻
손이 가지는 않습니다. 주방 뒤에서 누군가 핀셋으로
면을 한 가닥 한 가닥 말아올렸을 거라 상상하게 되죠.
요리한 지 한참 지난 음식처럼 보여서 역효과입니다.
오히려 맛이 없게 느껴질 테죠.

파인 다이닝 레스토랑에서도 가장 감각 있는

플레이팅은, 셰프가 정성 들여 요리해 테이블에
서브되는 순간 살짝 손을 댄 것 같은 자연스러움이
느껴지는 디자인입니다. 본질은 음식이 되어야 하는데,
디자인이 주인공이 되면 안됩니다. 맛있게 만들려고
했을 뿐인데 사람들이 그것을 멋지다고 느껴야 합니다.

오랫동안 공을 들였다고 해도 그게 드러나면 안
된다는 사실을 기억해야 합니다. 모든 디자인에
적용되는 이야기입니다. 감각적인 디자인은 그 과정이
잘 드러나지 않습니다.

저는 네이버 서비스 디자인의 지향점을 한마디로
다음과 같이 정의했습니다.
'감각 있는 개발자가 한 것 같은 디자인'.
엉뚱한 소리 같지만 '개발자가 한 것 같은 디자인'이
어떤 것일지 상상해봐야 합니다. 전문 디자이너가
아니라 감각이 조금 있는 개발자의 감성에서 비롯한

디자인을 만들어낸다는 건 쉽지 않기 때문입니다.

앞서 언급했지만, 검색 서비스는 '빠른 정보 열람'이
서비스의 핵심입니다. 빠르다는 건 군더더기가 없다는
것이며 유저가 화면을 열 때 시선을 혼란스럽게 만드는
요소가 없다는 뜻입니다. 검색창에 단어를 넣고 엔터
키를 누르면, 이에 관한 결과가 정리되어 나오는 것.
목표는 그뿐이니까요.

이때 디자이너의 역할은 '덜어 내기'입니다. 물론
디자이너라면 누구나 구석구석 디테일을 살리고
싶어 합니다. 디자인에 대한 열정이 있기 때문입니다.
텍스트보다는 이미지로 매끈한 버튼을 만들고 싶어
하고, 스크롤바에 색을 입히거나, 이미지를 클릭했을
때 인상적인 반응을 주고 싶어 하죠. 하지만 시야를
넓히면, 꼭 그런 방식으로 다듬어진 디자인이 정답이
아니란 걸 알게 됩니다.

사실 다양한 디자인 요소는 서비스 이용 속도에 그다지
영향을 미치진 않습니다. 디자인 요소들 때문에 '느려
보이는 것'뿐입니다. '빨라 보이게' 디자인하려면
역설적으로 '디자인하지 않은 것처럼' 디자인해야 하는
것입니다.

결국 디자이너는 '내가 원하는 디자인'을 하기 전에
'서비스나 제품에 가장 맞는 디자인'이 무엇인지 먼저
생각해야 합니다.

디자인이 넘지 말아야 할 절대적인 선이 있습니다.
실용성, 아름다움, 브랜드만의 특별한 이미지 등 많은
것이 디자인에 고려되어야 하지만, 실용성이 우선인
것처럼 보여야 한다는 것입니다.

우리가 가방을 살 때를 생각해보죠. 대부분 처음엔
'디자인이 예쁘다'라고 접근합니다. 하지만
결과적으로 그 가방에 대해 이야기할 때 언급하게

되는 건 실용성과 만듦새입니다. 디자인이 아무리 좋아도 본질을 벗어나면 소용 없고, 그렇기 때문에 외양으로서 디자인이 아무리 중요하다 해도 실용성보다 더 중요할 수는 없습니다. 비싼 명품 브랜드에서 가방을 판매하는 점원도 고객에게 설명할 때는 늘 실용성을 이야기합니다.

특유의 쿠셔닝 폼으로 멀리서도 알아보게 만든 온on 러닝화의 사례처럼 기능과 실용성을 적극적으로 드러내는 '전문가다움의 미학'이 디자인으로서 빛날 때가 많고, 대상의 본질에 충실한 '부족함의 미학' 또한 좋은 모티브로서 브랜드의 정체성이 될 수 있습니다.

안정감의 끈

감각은 안정감과 밀접하게 연결되어 있습니다. 좋은 감각은 사용자조차 미처 알아채지 못하는 영역에서 안정감을 제공하는 역할을 합니다.

제가 정의하는 안정감이란 '업에 진심인 사람들이 성실하게 노력하고 있는 느낌'입니다. 이런 느낌은 업에 진심이 아닌 사람이 흉내 내기도 어렵지만, 잠깐 흉내 냈다고 해도 바로 들통납니다. 그러므로 억지로 없는 안정감을 만들 수는 없습니다.

제가 안정감을 위해 노력했던 이야기를 해보겠습니다.
초창기 네이버와 카카오톡의 모습을 오늘날의 모습과
비교해보면 정말 많이 달라서 놀랄 겁니다. 어떤
과정을 거쳐서 지금처럼 변했는지 궁금하지 않나요?
우리는 꾸준히 매일 써왔을 뿐, 평소 눈에 띄는 변화를
잘 느끼지 못했으니 말입니다. 지난달과 이번 달이
비슷했고, 어제와 오늘도 비슷하게 사용해왔죠. 눈에
띄지 않을 정도로 디자인이 아주 조금씩 바뀌면서
지금의 모습이 되었기 때문입니다. 그 지루할 정도의
오랜 변화를 통해 제가 가장 구현하고 싶었던 게 바로
'안정감'입니다.

네이버와 카카오는 둘 다 엄청난 속도로 성장했습니다.
그리고 초창기 이 양사의 서비스에는 청년 벤처의
아마추어 같은 이미지가 있었습니다. 각각 시기는
다르지만, 네이버와 카카오 근무 시절 제가 가장
구현하고 싶었던 이미지는 '세계적 IT 서비스와 어깨를

나란히 하는' 이미지였습니다. 브랜드 이미지를 강하게 구축하는 일보다 안정감 있는 이미지를 사용자에게 심어주는 게 중요하다고 생각했습니다. 물론 이건 티가 안나는 일이라 회사 안에서나 밖에서 그걸 알아주는 사람은 거의 없었습니다. 그렇지만 저 스스로는 지금도 잘한 일이라고 여깁니다.

이 '안정감'이라는 걸 더 쉽게 이해하기 위해 '정성을 다한 커피를 파는 카페'를 떠올려볼까요? 카페를 찾는 고객들에게 '본질'이란 맛있는 커피와 깨끗한 공간입니다. 일관된 커피 맛을 위해 전문가가 빈틈없이 재료와 커피 장비를 점검하고 다루며, 공간을 늘 깔끔하게 유지하는 데서 고객은 안정감을 느낍니다. 사실은 그것만으로 충분합니다. 다양한 마케팅 아이디어로 브랜드를 차별화하려는 시도는 그 이후에 고민해도 됩니다.

빼는 선택

'감각은 모두에게 필요합니다'라고 이야기하면 이렇게 말하는 분도 계십니다. 저는 재무 담당인데요? 저는 개발자인데요?

자기가 하는 일에는 감각이 필요 없다고 생각하며 살아가는 분들이 많습니다. 이처럼 감각이란 마케터나 디자이너, 서비스 기획자에게만 필요한 자질이라고 생각하기 쉽지만, 감각이 필요한 창의적 직군이 따로 있는 게 아닙니다. 감각은 모두에게 필요합니다. 우리 삶의 결정들을 쪼개어 생각해봅시다. 우리

삶은 자잘한 결정들이 쌓여서 누적된 하루하루의
결과물이죠. 이성적으로 계산해서 정해야 할 일이 분명
있기는 하지만, 일반적으로 삶의 순간이란 늘 그렇게
결정되지 않습니다.

아침에 무엇을 먹을지 어떤 옷을 입고 무슨 신발을
신을지, 또 어느 카페에서 커피를 살지까지,
우리의 삶은 크고 작은 의사결정의 연속입니다. 이
의사결정들이 쌓이고 쌓여 우리의 일상이 됩니다. 그
일상이 우리의 생각을 지배하고, 우리의 정체성을
만듭니다. 이 결정에 따라 우리가 누구와 어울리고
어떤 기회를 갖게 될지도 정해집니다.
일상에서 수도 없이 마주하는 자잘한 결정을
모두 논리에 맡길 수는 없습니다. 그래서 감각이
중요합니다. 나 자신을 존중하는 마음으로 좋아하는
것을 발견하려 노력하고, 같은 마음으로 타인을
존중하면서 감각을 만들어야 합니다. 이런 감각의

힘이 있어야 사람들의 생각에 끌려다니지 않고 나의 선택으로 일과 삶을 주도할 수 있습니다. 그제야 비로소 나 자신이 브랜드가 됩니다.

여기서 가장 중요한 키워드는 '선택'입니다. '무엇을 선택한다'는 건 '무엇을 선택하지 않는 것'과 같습니다. 바꿔 말하면, 내가 무엇을 선택하고 선택하지 말아야 할지를 잘 가려내는 것이 곧 감각입니다.

만일 당신이 카페를 차리고 싶다고 해봅시다. 대개는 이런 생각으로 시작합니다. '나 같은 사람이 어떻게 카페를 하겠어', '카페는 좋은 자리에 차려야 하는데 임대료가 너무 비싸서 엄두가 안 나네', '카페는 인테리어가 중요한데 잘하는 데 맡겨야겠지?' 하지만 이 모든 생각은 틀릴 수 있습니다. 가장 먼저 해야 할 건 누군지도 모르는 다른 사람이 좋아하는

카페가 아닌 내가 좋아하는 카페를 끝까지 추구하는
일입니다.

그러려면 일단 카페를 많이 다녀봐야 합니다. 최대한
다양한 카페를 체험하고, 가능하다면 먼 나라의
뒷골목에 있는 카페까지도 다녀보면 좋을 겁니다.
그러고는 그중에서 내가 좋아한 카페를 떠올려봅니다.
정말 마음에 들었던 카페를 최대한 정교하게
기억하려고 애써봅니다.

가령 저는 한 여행지의 번화가 뒷골목에서 우연히
발견하고 들어갔던 아주 작은 카페가 기억에
남습니다. 딱히 인테리어라고 할 것도 없는 날것
느낌의 공간이었죠. 메뉴판도 카페 사장이 손으로
눌러쓴 것 같았습니다. 그런데 그 공간에서
흘러나오는 음악이 참 좋았습니다. 게다가 커피를
주문했더니 서비스로 조그만 빵 한 조각을 내어주는데

갓 구운 빵 냄새가 너무 고소했습니다. 왜 손님들이 이런 공간까지 찾아오는지 알 것 같아서 한참을 둘러보게 되더군요. 빵 하나, 커피 한잔에 그 도시에 대한 인상이 달라지는 것 같았습니다.

그럼 이제부터 스스로에게 질문을 하나씩 던져보죠. 그 카페는 입지가 좋은 곳에 있었나요? 비싼 돈을 주고 인테리어를 한 것처럼 보였나요? 최신식 커피 머신이 구비되어 있었나요? 이 질문에 대한 저의 대답은 모두 '그렇지 않다'입니다.

이렇게 질문을 해서 내가 선택하지 않아도 될 것들을 하나씩 골라내면, 점점 내가 만들고 싶은 카페의 모습이 선명하게 그려집니다. 결국 선택하지 않아야 할 것을 버릴 수 있는 용기, 그게 감각입니다. 그리고 이 과정을 브랜딩이라고 부릅니다.

감각은 해야 할 일과 하지 않아야 할 일을 구분하는 능력입니다. 따라서 직군에 따라 필요 유무가 결정되는 능력이 아닙니다. 이 마케팅이 우리 회사에 정말 필요한가? 이런 쓸데없는 걸 매번 반복해야 하나? 이 제품은 시장에서 지금 어떤 의미인가? 같은 생각과 행동은 서비스 기획자, 마케터, 디자이너만 하는 게 아닙니다. 비즈니스를 키워가는 사람이라면 모두 마땅히 늘 해야 합니다. 제가 아는 탁월한 재무 담당, 인사 담당, 개발자는 그 누구보다 우리가 하는 모든 일에 공감하려 애쓰고 더 나은 방향을 제안하려 했습니다. 그리고 실제 그런 노력은 좋은 결과로 이어졌습니다.

감각은 모두에게 꼭 필요합니다. 단, 실행하고 싶은 기발한 아이디어를 찾는 일보다 안 해도 될 일을 찾아내는 감각이 더 중요합니다.

느낌의 합

본질에 부합하지 않는 것, 불필요한 것을 덜어내기
위해서는 서비스나 제품이 소비자에게 전하고 있는
'느낌의 합'이 무엇인지 먼저 알아야 합니다. 그 느낌을
벗어나는 것은 과감히 덜어내는 노력을 해야 합니다.

네이버에서의 일을 예로 들어보겠습니다. 저는
2003년부터 약 7년 동안 네이버의 디자인 및 마케팅을
맡아 일했습니다. 입사 초기, 네이버는 이제 막 성장
중인 작은 검색 포털이었고, 그때 네이버의 상징은
정보의 밀림을 탐험하는 날개 달린 모자였습니다. 몇

년 뒤 이 모자는 많은 영역에서 자취를 감췄습니다.
서비스 페이지나 배너, 광고에서도 모자 대신
그린윈도우나 NAVER라는 로고타입이 주로
보였습니다. '불필요한 요소는 최대한 덜어 내자'는
저의 생각에서 시작된 변화였습니다.

많은 사람들이 검색창에 찾고 싶은 것을 입력하면
검색 결과 페이지를 통해서 직관적인 답을 얻는 일이
익숙해져 있었습니다. 네이버를 생각하면 간결한
녹색의 검색창이 떠오르고 명쾌한 답을 주는 스마트한
느낌만 남겨야 겠다고 생각했습니다. 사용자들에게는
이 느낌의 합이 곧 네이버에게 기대하는 모습이라
판단했습니다.

'네이버 검색창에 ○○○을 쳐보세요'라는 메시지를
녹색 직사각형 하나로 압축해서 녹색 검색창
'그린윈도우' 마케팅 캠페인을 시작했고, 그다음

순서로 모자 로고를 빼기로 마음먹었습니다. 문제는 설득이었습니다. 당시만 해도 경영진에게 모자는 네이버의 상징이었기 때문입니다.

그래서 선택한 방법이 '모자 로고 없이 PT 진행하기'였습니다. 모자 로고와 전혀 상관없는 서비스에 대한 PT 자리였습니다. 발표 자료에는 일부러 모자를 뺀 네이버 로고타입만 넣었습니다. 그렇게 발표를 마치고는 마지막으로 질문을 던졌습니다.

"혹시 눈치채셨나요? 사실은 프레젠테이션에서 보여드린 서비스 화면 모두에 모자 로고가 없었습니다" 다들 놀라는 모습이었습니다. 아무도 눈치채지 못했으니까요. 덕분에 두 가지 사실을 확인했습니다. 이미 사용자에게 '녹색 네모는 네이버'라는 공식이 각인되어 있고, 날개 달린 모자 로고가 빠져도 잘 알아차리지 못한다는 것을 말이죠.

저는 이렇게 설득했습니다.

"모자는 앞으로도 영원히 가져갈 수 있는 네이버의
자산입니다. 언제든 필요할 때 좋은 타이밍에 사용할
수 있습니다. 하지만 지금은 없어져도 됩니다."

      ↳ 포털 서비스 회사로서가 아닌 AI 서비스 등
완전히 새로운 네이버로의 변화가 필요할 때, 초심을
계승하는 의미로서 모자가 재등장해도 되지 않을까
싶습니다.

과거 삼성은 블루 컬러에 타원 로고를 선보였지만,
어느 순간 타원도, 블루도 쓰지 않고, 최근에는
로고타입도 소문자로 쓸 때가 많습니다. 많은 이들이
눈치채지 못했을 뿐입니다. 브랜드가 노출되는 매
순간의 느낌만 있을 뿐 누구도 그런 걸 유심히 보지
않기 때문입니다.

ㄴ 그렇지만 근래 계속해서 단순해지는 글로벌 브랜드들의 로고를 보면 솔직히 아쉽습니다. 특히 매거진 〈B〉 32호에서 다루기도 한 리모와RIMOWA의 로고 변화는 브랜드만의 개성을 잃어버린 것 같아 서운한 마음이 들 정도입니다.

JOH 첫 사무실, 2011
논현동에 만들었던 첫 사무실이다. 머물고 싶은 작은
카페 같은 공간으로 만들었다.

삼성카드 리뉴얼 프로젝트, 2011
삼성카드 리뉴얼 시 나온 첫 샘플. 최대한 디자인을
하지 않았고, 대신 카드에 혜택을 써넣었다.

매거진 〈B〉 창간호, 2011

매거진 〈B〉

일호식 첫 메뉴, 2011
일호식을 상징하는 첫 메뉴인 현미밥과 국.

일호식 첫 번째 매장 내부, 2011

일호식 첫 번째 매장 외부, 2011
논현동 사무실에서 걸어갈 수 있는 반경을 그려보고
그 안에서 가장 저렴한 위치에 밥집을 냈다.

일호식 두 번째 매장 간판, 2012
한글, 한자, 일본어, 영문이 모두 들어 있는 일호식의 간판이다.
이때부터 해외로 진출할 방법을 계속 찾았다.

JOH 사옥, 2012
한남동에서 리플레이스 개발 프로젝트를 진행하고 그중 한 건물을
사옥으로 썼다. 1층에는 일호식과 쥬스바인 트라이바가 있었다.

조수용이라는 이름은 우리나라 포털사이트의 역사에서 절대 빼놓을 수 없을 것이다. 프리챌을 거쳐 들어간 네이버NHN Corporation에서, UXuser experience, 사용자 경험 센터장을 거쳐 CMDcreative marketing & design 본부장으로 NHN의 브랜드 마케팅과 디자인을 총괄했다. 아마 당신이 손가락 몇 번만 움직인다면, 그의 대표적인 작업들— 네이버의 녹색 검색창과 칸느 크리에이티브에서 은사자상을 수상한 한글 캠페인, 웹디자이너 출신으로 건축을 비롯한 모든 분야를 총괄 지휘한 NHN 신사옥 그린팩토리에 대해 넘치는 기사를 접할 수 있을 것이다. 우리가 아는 거의 모든 회사에는 '디렉터'라는 직함이 있다(반드시 같은 이름이 아니더라도 말이다). 무언가를 감독하고 총괄하는 일은, 사실 언제 어디서나 있어 온 일이었다. 조수용이 특별한 이유는, 하나의 회사를 커다란 유기체이자 하나의 브랜드로 바라보고 작업했다는 점 때문이다. 그는 얼마간의 숨 고르기를 마치고, 다시 출발한다. 다양한 분야의 크리에이티브 디렉터들이 모인 주식회사 제이오에이치JOH & Company의 대표이자 또 다른 '크리에이티브 디렉터Creative Director로서 맞이하는 새로운 장張이다. 하늘이 맑게 갠 5월의 어느 오후, 몇 주 전 공사를 마친 새 사무실에서 만난 조수용은 브랜딩과 크리에이티브 디렉팅에 대해 차분한 어조로 말을 이어갔다.

인터뷰할 때는 항상 인터뷰이의 '처음'이 궁금하다. 당신은 어떤 학생이었나.

고등학생 때까지도 미술을 하게 될 줄은 상상도 못했다. 지금 생각하면 '브랜드'에 대한 막연한 판타지가 있었다. 브랜드라고 하면, 언더우드 같은 패션 브랜드, 아메리카나Americana와 롯데리아 같은 패스트푸드 브랜드 정도였다. 일관성 있게 브랜드를 꾸려간다는 것들이 별로 없을 때였다. 그런데도 그렇게 멋져 보였다. 햄버거 포장지부터 의자, 옷의 꼬리표와 봉투, 직원들의 유니폼까지도 말이다. 꼬리표나 봉투를 모아서 계속 그렸다. 그걸 미술이라 생각하지는 못했다. '장사하는 사람들'이라 생각했지 예체능 쪽의 작업이라고는 생각 못했다. 마이크로 샤프 로고를 확대해서 그리는 것도 좋아했다. 기하학적인 팔각형 로고였다. 똑같이 복제해서 그리는데, 2D인데 3D처럼 보이는 느낌이 좋았다. 알고 보니 그것이 '디자인'에 가장 가까운 것이었다. 디자인하려면 미술 실기를 보고 미대에 가야 한다는 것도 알게 됐다. 결국 미대에 갔지만 '브랜드를 만들고 싶다'라는 마음과 그걸 직접 다뤄보고 싶은 마음이 컸다. 지금도 종종 '내가 디자이너인가?' 싶다. 누굴 만나도 디자인 안 해도 될 것 같다는 말을 많이 한다. 디자인 잘하려고 사업하는 게 아니라 사업이 잘되려고 디자인을 쓰는 거니까. 그게 항상 기반이었다. 브랜드를 쫓아가다 보니 가장 근접한 일이 디자인이었다.

알게 모르게 '브랜드'에 대한 생각이 무척 컸던 것 같다.

그때는 브랜드라는 말인 줄도 몰랐고, 그런 말도

쓰지 않던 시절이었다. '아이덴티티Identity'라는 말을 더 많이 썼다. 당시 우리나라 최초의 아이덴티티로 오비OB 맥주가 나오던 시절이었다. 대학교 가서도, 그런 걸 좋아하는구나 정도였다. 디지털로 막 바뀌는 시대에 대학을 다니는 바람에, 졸업할 즈음 컴퓨터를 배웠다. 자연스럽게 디지털 디자인의 첫 주자가 됐다. 운이 좋았다. 졸업할 때, 선생님들이 컴퓨터로 작업한 건 인정하지 못한다고 해서, 하나는 에어브러쉬로 다른 하나는 컴퓨터로 했다. 과도기였다. 그러다 보니 자연스럽게 웹이라든지 디지털 쪽으로 가게 됐는데, 가면서도 인터넷, 웹, 디지털 이런 것에 대한 애정이 크거나 그게 내 업이라 느껴본 적이 한 번도 없다. 프리챌이든, 네이버든 그저 브랜드를 만드는 것이었다. 그래서 나중에 건물을

디자인할 때도 아무렇지 않았던 거였다. 다른 사람들이 보기엔 '웹디자인하던 사람이 왜 건축도 하지?'라는 반응도 들었다. 나에게는 네이버 브랜드를 만드는 데 중요하니까 했던 거였다.

직업군으로 봤을 때 IT 업계에서 계속 일해온 건데, 작업들을 보면 단지 테크놀로지Technology, 이하 테크(Tech)를 보여준 게 아니라 복합적으로 맞물린 것들이 많았다. 도구들은 말 그대로 도구이고, 그 안에서 정체성 같은, 디렉팅한 무언가가 느껴졌다. '브랜드를 디렉팅한다'는 개념, '크리에이티브 디렉터'로서 무언가 한다는 건 우리나라에서 좀처럼 없던 개념이었다.
돌이켜 생각하면, 브랜드를 끌고 간다는 것과 크리에이티브 디렉팅한다는 것은 엄밀히 말하면 '오너'만이 할 수 있는

일이다. 이 브랜드가 실패하면 제일 슬퍼할 사람, 성공하면 제일 기뻐하고 득을 크게 보는 사람만이 디렉팅할 수 있다. 엄밀히 말하면, 이 사람 직업을 브랜드 매니저라든지 크리에이티브 디렉터라고 말하는 것은 사실이 아닐 수 있다. 오너를 가장 닮은 사람이거나, 그를 가장 많이 돕는 사람인 거다. 그게 정확한 표현이다. 세상에 있는 많은 브랜드들 – 애플이든 스타벅스든 현대카드든 네이버든 다 주인이 있다. '망하면 내가 망하는 거다'라고 생각하는 사람이 있는 것이다. 그 사람이 브랜드 매니저이고 크리에이티브 디렉터이다. 그 밑에 '크리에이티브 디렉터'라고 하는 사람이 있다면, 오너의 마음을 잘 읽었거나 그가 잘할 수 있게 돕는 사람이라고 생각한다. 다만 그렇게 할 수

있는 디자인 기반의 사람이 많지 않았다. '나 디렉터인데', '나 저 사람보다 많이 아는데 왜 맡겨주지 않지'라고 말하는 사람은 많았지만. 사실은 오너가 크리에이티브 디렉터라는 것을 인정할 수 있어야 한다. 역설적이지만, 나는 그걸 인정했기 때문에 크리에이티브 디렉터라는 말을 들었던 거라고 생각한다. 누군가 내게 '네이버라는 브랜드를 만드신 분이죠?'라고 묻는다면, '솔직히 이해진이라는 창업자가 만든 것입니다.'라고 대답한다. 나는 그걸 잘 읽고 더 좋은 것들을 보여 드린거다. 그렇지만 결정적인 순간에는 오너가 결정해야 한다. 애플Apple도 스티브 잡스Steve Jobs가, 현대카드Hyundai Card도 정태영 사장이 결정할 것이다. 크리에이티브 디렉터 일을 한다는 것은 그 브랜드의 방향이

119

좋아서 공감해야 하는 거지, '아 이거는 아닌데'라고 생각하면서 할 수는 없다. 브랜드를 더 좋게 할 아이디어를 내고 실행하고자 했을 때, 솔직히 말하면 위험이 없지 않다. 회사의 맨 위에 있는 사람이 승인했으면 그 사람이 책임지는 것이다. 겉보기엔 멋있어 보이지만, 대다수의 크리에이티브 디렉터는 결국 직장인이다. 정말로 위험을 안고 게임을 할 수 있는지, 위험을 안고 게임을 할 마음으로 충직한 참모가 될 수 있느냐는 것이다. 내 경우에는 다행히도 그렇게 봐주시는 분들을 만났던 것이다. 나의 능력도 있었을 수 있지만 그분들이 나를 그렇게 쓴 게 더 중요하다. 솔직히 그렇게 생각한다.

사실 크리에이티브 디렉터라는 명칭과 그 직함을 가진 분들을 패션 쪽에서 생각해보면, 선례가 꽤 있다. 버버리의 크리스토퍼 베일리Christopher Bailey라든지 루이 비통의 마크 제이콥스Marc Jacobs 같은 사람들 말이다. 모든 걸 바꾸고 혁신적인 것들을 보여주고, 그걸 바탕으로 대량 판매하는 제품들이 함께 상승하는 현상이 분명히 존재했다. 우리나라에도 디렉터 역할을 하는 이들이 있다. 그런데 지속적인 일관성을 찾기는 어려운 편이다.

그 사람이 얼마나 경영자 같았는지에 대한 것 아닐까. 오너의 머릿속에는 브랜드의 미래뿐 아니라 사람 관리, 재무, 어떻게 일관성을 유지할 수 있는지에 대한 체계까지 다양한 고민이 있다. 그것은 어쩌면 시스템에 대한 이야기가 된다. 고민을 대신해주지 않는 크리에이티브 디렉터는 자신의 브랜드를 갖고 온다고 볼 수 있다. 우리나라에서는 '사람'이 브랜드로 잘 가꿔지는 곳이

많지는 않은 것 같다. 마크
제이콥스처럼, (LVMH의)
회장이 '나는 이 사람
찍었어'라고 정한 것 자체가
크리에이티브 디렉팅이다.
그리고 마크 제이콥스 이름으로
가는 거다. 만일 그가 빠지면
시스템은 불가능할 것이다.
우리나라는 아직 그런 사람이
없으니까, 시스템으로 운영할
수 밖에 없다. 크리에이티브
디렉터라고 똑같이 말하지만
'사람'을 브랜드로 쓰지 않아서
우리나라에서는 아직 먼 길이다.
'나 이 사람 바잉했어'라고
당당히 공표할 수 있는 회사가
있을까. 그래서 크리에이티브
디렉터가 자기 이름을 걸고
싶으면 위험을 더 지는 수밖에
없다. 로컬 디자이너들이
대기업에서 벗어나 넓은 세상에
나가고 싶은 것도, '실패해도
내가 지고 성공해도 내가 할
거야'라는 식으로 될 수 밖에

없는 것 아닌가 싶다.

좀 더 구체적으로 묻겠다. 지금은
복합적인 이야기를 느끼는 방법의
시대라고 생각한다. 그런 면에서
당신은 굉장히 탁월한 경험이 있다.
정체성, 디렉팅, 브랜딩이 마케팅이나
외적인 부분과 어떤 방식으로
연계되어 이뤄지는가?
확신하는 게 하나 있다.
'아무 생각 없는 멍멍했던
소비자로서의 나를
박제화한다'라는 것이다.
편의점에서 그냥 멍청하게
음료수 꽉 차 있는 풍경을
쓱 보던 나를 잊지 않도록
고정시키는 거다. 지금 내가
패키지 디자인을 한다면,
1센티미터라도 몰입한 이상
이미 객관성을 잃어버릴 거다.
그래서 그때의 나를 잘 기억해야
한다. 모든 매체를 관통하는
이야기일 것이다. 음식점이나
카페에 가서 딱 봤을 때의 느낌.

사실 꼼꼼하게 하나도 안 본다. 어떤 느낌만 있다. 그 느낌 중 상당히 많은 부분은 뜻밖의 것이 많다. 화분, 그릇, 아니면 다 치우고 조명 하나 때문에 느낌이 올 수도 있다. 확실하게 뭔지는 모른다. 그 느낌을 박제화한다면 소비자에게 다가가기 쉽다는 것이다. 이제까지 디자인하려고 했던 많은 것들이 '디자이너처럼 보지 않기'라는 게 중요했다. 건축이든 인테리어이든 제품이든 서비스이든, 소비자는 구분해서 생각하지 않는다. 한순간에 들어온다. 그에 반해 만드는 사람들은 (서로의 영역을) 쪼개고 또 쪼갠다 그게 의미 없다고 보는 것이다. 그 자체를 부정해왔다. 예를 들면, 건축 쪽에서 건축가와 인테리어 디자이너가 서로 존중을 하지 않는 경향이 있다. 일반적으로 건축가는 매스라고 부르는 덩어리를 만들고 싶어한다. 건축가가 볼 때 인테리어 디자이너는 다 만들어진 덩어리의 안을 꾸미는 사람이다. 그 두 가지를 같이 생각하는 게 맞다고 보는데, 실제 세상에서는 구분되어 있다. 손에 닿는 곳까지 온도와 촉감을 넣는 것이 인테리어 디자이너라면, 건축가는 빛과 덩어리에 대해 이야기한다. NHN 그린팩토리 같은 경우가 그 경계가 허물어진 결과물이라고 생각한다.

당신의 트위터에서 브랜드에 대한 정의를 봤다. '쓰기 편한 실용성, 감각적인 아름다움, 합리적인 비용과 브랜드 철학과 의지의 반영'이라고 했다. 이런 관점에서 좋아하는 브랜드가 있는가?

아주 이상적인 브랜드를 두 개 꼽자면 무인양품無印良品과 프라이탁Freitag이다. 무인양품은 '브랜드가 없다'라는 브랜드가 무척 강한데, 균형이 기가 막히게 맞다 보니 어떤 사업에 진출해도 다 브랜드 고유의 톤으로 풀 수 있다. 심지어 항공사를 해도 말이 될 것 같다. 어떻게 할지 상상이 될 정도이니까. 그 정도로 브랜드가 강하다는 것은 균형이 몹시 탁월하고 빠지는 게 없다는 거다. 누가 따라해도 잘 안 될 것이다. 프라이탁은, 사실 리사이클링, 즉 재활용은 너무 진부해서 지겨운 수준인데, 그 고리타분한 리사이클링을 감각적으로 만들어서 '전 세계 유통'을 한다는 것은 차원이 다른 얘기다. 진짜 비즈니스를 잘하는 것이고, 균형이 잘 맞아 있다는 뜻이다. 가방 좀 예쁘게 만드는 것은 누구든지 할 수 있다. 그런 것을 일관성 있게 장사한다는 것에 경의를 표하고 싶다. 가장 인정하는 두 개의 브랜드이다.

무인양품의 아트 디렉터 하라 켄야Hara Kenya도 좋아하시겠다.

물론 좋아한다. 하라 켄야, 멋진 사람이지만 사실 더 멋진 사람은 그를 고용해서 무인양품을 그렇게 만든 오너가 더 대단한 크리에이티브 디렉터라는 것이다. 그런 안목을 갖고 투자할 수 있는 사람이 진짜 디렉터이다. 더 값싸게 할 수 있는 것을 하라 켄야 같은 사람에게 맡기고, 후카사와 나오토에게 디자인을 맡긴 오너의 역량이다.

비슷한 의미로 꼼데가르송COMME des GARCONS을 좋아한다. 창업자 레이 가와쿠보Rei Kawakubo는 후배 디자이너들에게 그들의 이름을 단 레이블을 내준다. 대단하다. 자기 이름만으로 모든 걸 움켜쥐는 게 아니라, 브랜드 안에 다른 사람들의 이름을 드러나게 하는 것은 아무나 할 수 있는 일은 아니다.

후배들이 무얼 원하는지 잘 아는 것이다. 사람 이름을 걸 수 있게 해준다는 것은 가장 바라는, 가장 마지막에 하고 싶은 것이다. 그 다리를 놔준다는 것은 정말로 마음을 읽고 있는 것이다.

이제 당신은 어떤 회사의 크리에이티브 디렉터가 아니라, 자신의 성을 딴 회사의 대표가 되었고 새로운 작업들을 준비한다. 그것들이 궁금하다.
평소에 꿈꾸던 사업들을 하나씩 펼칠 계획이다. 늘 의식주를 하고 싶었다. 패션, 먹는 것, 공간 같은 것을 해봐야 한다고 생각했다. 가장 돈을 많이 쓰고 많이 보고, 나의 시각으로 보려고 노력했던 것은 다 의식주에 있었다. 하나를 더한다면 지금은 의식주만큼 중요한 게 '정보'이지 않나. 인터넷이라는 게 있지만, 진짜 정보는 '누가' 주는 정보인지에 따라 달라지는 것이라고 봤다. 너무 많으니까. 트위터의 좋은 점은 누군가 한 번 걸러서 올려준다는 것이다. 갈수록 그런 형태로 갈 것이다. 그래서 잡지는 절대 죽지 않을 것이다. 지금보다 더 좋은 잡지들이 많이 나와야 한다고 생각한다. 미디어라는 것에 내가 생각하는 브랜드를 입혀서 가고 싶은 마음이 잡지라 한다면, 그 중간에 먹는 것에 관한 브랜드도 준비하는 게 있다. 공간으로 가면, 실제로 내 집을 설계해서 짓고 있다. 오피스 공간을 만드는 것과 집을 짓는 것이 작은 출발이다. 건축 공부한 친구들과 같이 일한다. 사실 그게 다 같은 이야기이다. 무슨 카페를 하고 싶다, 음식점을 하고 싶다는 것은 어쩔 수 없이 다 부동산과 연계되는 문제다. 사실은 음식을 잘하는 사람의 비즈니스가 아니라 부동산을 가진 사람이 하는 비즈니스라고 볼 수도 있다. 그렇게 얽혀 있다. 나쁜 게 아니다. 이것이 성공할 방법을 말하자면, 결국은 정보에 대한 이야기이다. '이 스토리가 어떻게 전달되는가'에 대한 이야기가 되면, 지금의 규칙으로는 홍보 대행사를 부르고 마케팅을 할 것이다. 하지만 실제 소비자에게는 하나로 보인다. 공간, 스토리, 콘텐츠에 대한 것이 모두 한 덩어리인 거다. 다행히 우리 사무실의 구성원이 그렇게 되어 있다. 건축가와 디자이너와 마케터가 같이 있으니까 하나로 보고 싶다. 그렇게 브랜드를 내 손으로 만들어보고 싶은 마음이 있다. 다행인지 불행인지 모르겠지만 제대로 그 일을 시작하기도 전에 외부 기업을 컨설팅할 일이 생겼다. 나의 주관은 똑같다. '이 브랜드는 어떤 게 어울릴 것 같다는 제 생각에 공감하신다면 제 것처럼 한다'라고 했다. 다행히 그렇게 봐주시는 커다란 두 개의 브랜드와 작업 중이다. 여기에도 건축과 브랜드, 디자인이 섞여 있다.

그렇다면, JOH는 어떤 회사라고 정의 내릴 수 있나?
다양한 분야의 크리에이티브 디렉터들이 모여서, 브랜드를 만드는 사람들. 첫째는 우리 브랜드를 얘기하는 것이고, 마인드가 맞다면 다른 브랜드를 만들 수도 있다.

롤모델이 있다면?
글쎄, 너무 많기도 하고. (웃음) 좋아하는 브랜드들 전부다. 최근에 프라이탁 형제Markus & Daniel Freitag가 한국에 왔을 때 만나서 이야기하면서, 정말 멋있었다. 세상을 보는 진지한 시각이라고 할까? 그 열정이 정말 부러웠다. 그런 비즈니스를 하는 사람들이 돈도 잘 벌 수 있다면, 꼭 그랬으면 좋겠다.

꼭 잘되어야 한다. 의미 있는 일을 하는 사람은 가난해야 한다는 공식은 깨져야 한다. 그런 친구들이 돈도 잘 벌고 잘됐으면 좋겠다. 나는 디자이너가 나중에 중요한 사람이 될 것이라든지 디자인이 다음 세상의 주인공이라는 말을 싫어한다. 동의하지 않는다. 디자인은 점점 커먼센스common sense, 상식이 될 것이다. 웬만큼 잘하지 않고는 잘한다는 말 듣기 어려울 거다. 디자인을 커먼센스로 가지고 있는 제너럴리스트, 다방면에 걸쳐 박학다식한 사람이 더 주목받을 것이다.

좀 더 통합된다는 얘기인가?

경영학을 공부 안 해도 경영하지 않나. 그 안에 커먼센스가 있는 거다. 의사소통, 예의범절, 사람 관리에 대한 믿음과 신뢰, 이런 것들은 기본이고 상식이지 않나. 인간이라면 해야 하는 것들

아닌가. 디자인도 그렇다는 거다. 좋은 걸 보고 좋다고 해야 하는데 혼자 아니라고 하면 감이 없는 거니까. 이미 많은 브랜드가 검증했다고 본다. 현대카드도 애플도 그렇다. 스티브 잡스가 디자이너여서가 아니라, 누가 봐도 스티브 잡스의 고집으로 만드는 거다. 콘셉트가 너무나도 잘 정제되어 있다. 애플을 말할 때 디자인을 언급하는 것보다 '사람'에 대해 말하는 게 더 맞다고 본다. 애플을 보고 디자인, 디자인하는 것도 맞지 않는 말인 것 같다. 한결같이 끌고 가는 사람의 의지가 중요한 것이다.

누가 봐도 한눈에 알 수 있는 디자인의 브랜드들을 보면, 작은 부분을 놓치지 않고 사람의 '마음'을 건드린다. 디지털 세상에 많이 들어와 있으면서도 사람들이 '아날로그'에 많이 빠져 있는 것도 비슷하지 않나.

잡지 또한 그렇다. 종이를 만지는 촉감을 대신할 것이 디지털에서 탄생할 것 같지는 않다.

동감한다. 애플이 그렇게 정교하게 포장지 하나 뜯는 부분까지 디자인하는 것은 이성적으로 짠 프로세스적인 문제가 아니라, 스티브 잡스 같은 사람이 물건을 뜯어봤을 때의 느낌을 기억하고 있기 때문에 가능한 거라고 본다. 그 느낌을 기억하고, 이 느낌대로 갔으면 좋겠다고 주장한 것이 브랜드 디렉팅의 전부라는 것이다. 어떻게 보면 쉽다. 누가 어디서 본 이미지로 '이렇게 하자'는 것은 누구든 쉽게 이야기 할 수 있다. 그런데 '그런 것까지 꼭 해야 해!', '그런 것은 절대 하면 안 돼!'라고 일관성 있게 하는 것이 브랜드다. 그렇게 보려는 마인드가 중요하다. 표면에 보이는 디자인 자체는 정말 얇다. 다른 많은 브랜드가 애플을 따라 한다면서 너도 나도 사용자 경험 이야기를 꺼내며 성급하게 디자인에 투자하는 것을 보면 안쓰럽다. 그렇게 해도 안 되는 것이다. 위에서 일관되게 봐주는 사람이 없으니까. 그건 오너밖에 못하는 거다. 고용된 경영자는 그 결정을 하기 어렵다.

결정권을 가진 크리에이티브 디렉터가 무언가 추진할 때, 복잡한 구조를 가진 큰 회사보다 오히려 작은 브랜드들이 정체성과 보여주는 방식에서 저항을 덜 받으면서 원하는 것을 풀어가는 경우도 요즘은 종종 보인다.

'브랜드의 미래'는 그곳에 있다고 확신하고 있다. 지금 쓰는 책에 대한 내용의 근간이기도 하다. 브랜드의 미래와 지향점이 무엇이냐고 했을 때, 이제까지 모든 브랜드는 전부 'A급'과 '주류'처럼 보이는 대중적인 명품이 지향점이었다. 비싸고 많이 팔리는 매스티지masstige 명품 말이다. 루이 비통 같은 브랜드가 지향점일 것이다. 루이 비통은 여전히 잘 팔리고 멋진 브랜드이지만, 루이 비통을 들고 있는 게 멋져 보이는 것은 얼마 안 남았다고 생각한다. 그 부분에 주목해야 한다고 믿는다. 그것을 'B급 브랜드'라고 표현한다. A급 바로 밑에 있는 브랜드라는 건데, 잘 만들어진 B급 브랜드에 사람들이 자기 정체성을 동일시할 수 있는, 인간적인 브랜드라는 것을 느낀다는 것이다. 그래서 내가 만드는 브랜드든, 컨설팅하는 브랜드든, 그 부분을 지향하는 것에 초점을 맞춘다. 애플도 그렇게 해석한다. B급 브랜드의 감성을 계속 유지하는 브랜드, 실제로는 대중 시장을 지배했지만 여전히 B급스러운 거다. 회장이 나와서 가격을 언급하는 컨퍼런스도 그렇지 않다. 스티브 잡스가 열정적인 걸 떠나서, 아직도 '마이너'스러운 감성을 잃지 않는 거다. 회사가 작았을 때의 느낌을 커서도 계속 가지고 있는 브랜드라는 거다. 아직도 애플을 쓰면서, 나는 마이너에 속한 사람처럼 느끼게 하는 요인은 일관성에 있다고 본다. 애플에서 배워야 하는 점이 있다면, 'A급과 매스티지로 넘어가지 않기'와 'B급스러움으로 남아 있기'라고 본다. 결국에는 많은 브랜드가 이제까지 있던 브랜드 마케팅이라는 규칙을 다시 봐야 하는 순간이 폭발적으로 올 것이다.

의식 있고 일관된 정체성이 있는 브랜드들 중에는, 상업적인 부분에서 조금 아쉬운 점들이 있다. 경험이 있고 여러 작업을 해온 입장에서 젊은 브랜드의 도전에 대해 조언해준다면. 물건을 만들겠다고 했을 때, 유통이 차지하는 비중이 정말 크다. 의식 있게 물건을 만든 것보다 어쩌면 더 큰 게 유통이다. 유통이란 시장도 크리에이티브 마인드를 갖고 봐야 한다. 조금 더 가면 부동산도 그렇게 봐야 한다. 근데, 이런 얘기 좀 싫지 않나. 그런 건 누가 해주면 안 되나 생각한다. '이렇게 좋은 물건을 만들었는데 왜 안 가져가고, 집세는 자꾸 올리지?' 하는 식이 된다. 그러면 안 된다는 거다. '이 사람은 집세를 정말로 왜 올려야 할까?', '내가 집주인이면 어떻게 할까?', '돈이 몇십 억이 있어서 건물 하나 샀다면 나는 안 올릴 것인가?', '(물건을 매장에서 판매하는)이 사람이 매력적으로 보는 점은 무엇인가?' 이렇게, 창의적일 수 있는 부분이 있다는 것이다. 세상은 다 각자의 이득을 취하는 퍼즐이 맞춰져 있다. 유통 전문가가 있다면, 그가 매력적이라 느끼는 부분이 있어야 한다. 다른 분야, 내가 하는 것이 실제로 소비자에게 들어가는 지점까지 두려워하거나 도망가지 말고, 창의성을 보는 것이 진짜 브랜드이고 디자인이다. 그 지점에서 도망가는 브랜드는 지금까지 만들어진 1,000개 중의 999개였을 것이다. 다 좋은데, 그거는 모르겠다, 우리나라 거지 같은 나라다, 유통업체가 다 잡아서 못하겠다, 백화점 수수료 운운하면 안 된다는 거다. 어느 나라든 악조건은 많다. 피하고 싶은 것들 자체를 창의적으로 봐야 한다. 재무관리도 창의적으로 보는 식으로. 그게 진짜다. 멋있는 제품을 만드는 게 진짜가 아니다. '크리에이티브'라는 말에는 영역의 구분이 없다. 재무, 회계, 총무, 부동산, 다 창조적일 수 있는 영역이다. 그게 다 창조적이어야지 그게 진짜

'크리에이티브'라는 거다.

마지막 질문이다. 올해의 계획은.
올해 두 개 정도의 큰 외부
브랜드의 컨설팅이 성사되면, 두
브랜드의 디렉팅 결과가 나올
것이다. 잡지를 하나 창간할 것
같고, 작지만 공간 프로젝트에
물려 있는 제품 몇 개가 런칭할
것이다. 그 제품들은 멋있고
무게 잡는 제품들이 아니고, 늘
쓰면서 불편했던 것에 대한 아주
현실적인 접근이다. 디자인에
대한, 브랜드에 대한 '다른
관점'을 보여주고 싶다. 또한
올해는 계속 준비하겠지만,
먹는 것에 관한 '건강하고
스타일리쉬하게 먹는 것'에 대한
해답도 아직 시장에서는 없는
것 같다. 그 부분도 반드시 꼭
해보고 싶다. 대신 망하면 안
되겠다. (웃음)
-
한 시간 반 남짓의 시간은 훌쩍

지났다. 직접 내린 커피를 다
마시고, 모노클monocle과 오프Off
매거진에 대해 이야기하고,
지면으로 공개하기는
어려운 몇 가지 프로젝트의
프로토타입을 봤다. 불편하고
마음에 들지 않아서 '이렇게
바꿔볼까' 하고 생각했다는
아이디어들은, 추측하건대 꽤
호응을 불러일으킬 것 같았다.
우리의 삶은 점점 통합될
것이다. 전부 다른 개체들이
교차하며 교류하는 일이 늘어날
것이란 생각은 인터뷰 이후
확신에 가까워졌다. 때마침
조수용은 다민족 마을처럼
각기 다르게 꾸민 사무실의
작업 공간에 대해 설명했다.
돌아가는 엘리베이터를 타기
전, 회사 내부의 모습을 다시
한 번 떠올렸다. 전체적인
느낌을 공유하면서도 독립된
공간의 특성들과 사무실에서
본 그 사소한 차이들이

만든 하모니가 그려졌다.
크리에이티브 디렉터들이
만들어 낼 프로젝트들을, 하나씩
들여다보고 싶었다.

인터뷰: 홍석우

3

본질

하지 않는 디자인

앞장에서 '빼는 선택'에 대해 이야기했습니다.
사용자나 소비자를 판단의 기준으로 삼다 보면
디자인이 거의 필요 없어지기도 합니다. 이제
'디자인'을 언급하기에 앞서, 앞에서 이야기한 '감각'
만큼이나 다양한 의미로 쓰이는 '디자인'의 개념을
한번 정리해보겠습니다.

1. 사용자 입장에서 기능을 고민하고 경험을
의도하는 것
2. 1을 조형적, 미적으로 아름답게 표현하는 것

3. 1, 2번을 우리답게 지속하는 것

이 세 가지는 모두 큰 의미에서 디자인 행위이고, 디자이너가 궁극적으로 가야 할 길입니다. 또 좋은 디자이너는 이 행위들을 잘 수행할 확률이 높다고 생각합니다. 하지만 이 전체를 묶어 일반적인 의미의 디자인이라고 부르는 것은 적절하지 않습니다. 이 책에서는 1을 기획, 2를 디자인, 3을 브랜딩이라고 하겠습니다.

기획이 꼼꼼하게 잘되면 디자인을 쉽게 할 수 있습니다. 또 기획과 디자인이 잘되고 있다면 이미 브랜딩도 잘되고 있을 겁니다. 그러니 출발점인 기획이 전부인 것입니다.

모든 기획은 사용하는 사람의 경험User Experience에서 출발합니다. 와인은 너무 주문하기 어려워, 호텔방에선 짐을 어디에 풀어야 하지?, 어디에 주차했는지 또

헷갈리네, 신용카드는 왜 이렇게 혜택이 복잡할까,
경험에서 우러난 이런 질문은 우리 삶에 늘
존재합니다.

디자인 전문성이 있어야만, 심리학을 공부해야만 이런
고민을 할 수 있는 게 아닙니다. 말 그대로 상식, 즉
커먼센스common sense가 있어야 합니다. 기획은 정성이
있다면 전공과 무관하게 누구나 할 수 있고, 기획에서
가장 중요한 역량은 나와 타인의 경험에 대한 깊고
세심한 관심입니다.

대상의 모양과 색, 새겨질 폰트 사이즈와 간격을
정하는 디자인은 아름다움을 위해 매우 중요합니다.
하지만 디자인은 기획과는 달리 커먼센스만으로는
안 됩니다. 사용자 경험은 상식적이기에 자신의
경험을 놓고 같이 논의할 수 있지만, 디자인은 토론의
대상이 되지 않는 게 좋습니다. 최종 디자인을 결정할

때는 토론을 하기보다 잘하는 디자이너, 더 정확히
이야기하면 '잘 볼 줄 아는' 전문 디자이너에게 결정을
맡기는 것이 좋습니다.

디자인을 두고 여럿이 모여 매번 토론을 하고 있다면
그 자체로 좋은 결과를 낼 확률이 낮습니다. 사용자
경험을 기준으로 기획하다 보면 디자인이 필요
없어지고 오히려 그게 쌓여서 자연스럽게 브랜딩이
되는 경우도 있지만, 기획은 적당히 하면서 애꿎은
디자인 시안을 들고 매번 치열하게 토론하면, 결론
없이 시간을 낭비하게 됩니다.

네이버의 사옥 건축 프로젝트인 그린팩토리
프로젝트의 예를 들어보겠습니다. 제가 이
프로젝트 기획에서 아주 만족한 결과 중 하나가
지하 주차장이었습니다. 사용자의 주차 경험에서
모두 공감할 만한 핵심을 발견해서 좋은 결과로 잘

연결시켰기 때문입니다.

저는 지하 주차장으로 차를 다시 찾으러 갈 때 몇 층에 주차했는지 기억하기 어려웠던 경험에 주목했습니다. 그리고 B3, B4, B5같은 숫자보다 더 직관적인 네이버다운 해결책이 필요하다고 생각했습니다. 그러고는 실제 적용에 문제가 없는지 여러 번 검토한 후, 과감하게 '청각 경험'을 활용하기로 결정했습니다.

그 결과 그린팩토리 지하 주차장에서는 개구리 소리, 풀벌레 소리, 새소리, 파도 소리처럼, 층마다 다른 소리가 들립니다. 자연스레 방문객은 파도 소리나 새소리를 들으며 주차를 하게 되는데, 되돌아갈 때는 엘리베이터에서 파도나 새가 그려진 버튼만 찾으면 됩니다. 자연의 소리가 기억을 보강하는 실용적 역할을 할 뿐 아니라, 이 공간을 방문한 사람에게 좋은 첫인상을 줄 거라고 생각했습니다.

지하 주차장을 지을 때는 시각 디자인적 요소를 최소화하고 소리를 재생하기 위한 음향 시스템과 사운드 디자인에 공을 들였습니다. 그러므로 그린팩토리 프로젝트는 '디자인 없는 디자인' 즉, 경험 디자인의 사례라고 할 수 있습니다.

↳ 저는 여전히 백화점이나 대형 몰의 지하 주차장에 더 좋은 주차 경험이 고민되어야 한다고 생각합니다. 주차장은 그 공간의 첫인상이니까요. 어쩌면 그곳의 오너나 경영진이 주차 때문에 곤란한 경험을 겪어 보지 못해서 그런 건 아닐까요?

우리다움

무언가를 쓸모 있고 아름답게 만든다는 건 정말
어렵고도 대단한 일입니다. 하지만 그것만으로
브랜드가 되지는 않습니다. 앞서 설명한 기획을
통해 '사용자에게 어떤 게 필요할까'를 고민하고,
디자인으로 그 경험을 아름답게 만들었다면,
그다음으로는 '브랜드'를 만들어야 합니다.

네이버 재직 시절 브랜딩을 위한 새 조직을 꾸리면서
'브랜드 경험 디자인Brand Experience Design'이라는
신조어를 직접 만들었습니다. 아직 브랜드에 대한

개념조차 제대로 없던 무렵이었지만 BXD 조직에는 디자이너 외에도 마케터, 기획 등 다양한 직군이 모여 있었고, 이들은 기존에 없던 네이버다운 브랜드 경험을 만들기 위해 직군의 경계를 넘나들며 일했습니다.

브랜딩의 첫 단계는 비즈니스 콘셉트를 돌아보는 일입니다. 이 일이 세상에 존재해야 하는 이유를 매일 고민해야 비즈니스의 본질이 드러나고, 그 결과 기획이 선명해져서 디자인 결정이 용이해집니다. 앞서 네이버의 사례에서 '덜어 내는 디자인'을 언급한 건 제 취향 때문도, 심플한 게 좋은 디자인이어서도 아닙니다. 당시 도출한 네이버의 브랜드 콘셉트가 '빠르고 유용한 서비스'였기 때문이고, 그걸 구현하는 데 의도적으로 더 덜어 낸 디자인이 더 적합했을 뿐입니다.

사실 그린팩토리 프로젝트를 맡게 된 것도 같은 이유였습니다. 공정해야 한다는 이유로 여러 설계사가 경쟁적으로 건축 디자인 시안을 제출하고, 일면식도 없는 심사위원들이 점수로 설계안을 선정하는 과정을 지켜보며, 사옥 기획을 꼭 직접 맡아서 진행하고 싶다고 이해진 의장님께 말씀드렸습니다. 경험하지 못한 일이었지만, 브랜드의 결정체인 사옥 건축은 일반적인 사무실 건물과는 다른 방식으로 진행해야 한다고 생각했기 때문입니다.

이 일을 맡고 처음 착수한 일은 '기업 브랜드로서 업무 공간'을 이해하기 위해 '아이디오IDEO'에 컨설팅을 의뢰한 것입니다. 사옥에 기업철학이 반영된 미국 IT 기업들의 업무 공간을 직접 찾아다니고, 치열하게 논의하며 사옥의 개념을 정립했습니다. 네이버라는 기업의 존재 이유와 기업 문화부터 모든 공간의 쓰임새까지 원점에서 다시 보려고 했습니다. 그렇게 기획이 잘 정돈된 결과 건물 외관 디자인, 인테리어 디자인, 가구 디자인은 분야별 전문가의 손을 거쳐

매끄럽게 정해졌습니다.

그린팩토리의 독특한 외관도 '네이버다움'을
고민한 결과였습니다. 그린팩토리의 외벽은 단순한
투명 유리입니다. 대신 건물 안에 채광을 조절하는
블라인드를 달았습니다. 각 블라인드는 명도와 채도가
조금씩 다른 녹색으로 각각 다양한 각도로 열리고
닫힙니다. 이 투명 유리와 블라인드의 조합이 멀리서
보면 마치 픽셀처럼 보이길 의도했습니다.

그 결과 그린팩토리는 시시각각 변하는 외관을 갖게
되었습니다. 각 공간에 머무는 사람의 상황에 따라
블라인드가 다르게 움직였으니까요. 결국 건물 각
층에서 일하는 사람들이 건물 외관을 완성하게 된
것입니다.

그린팩토리의 화장실에서 양치 공간을 분리한 것도

국내에서 처음으로 시도한 일입니다. 점심 식사 후
화장실에서 양치하는 직원들을 발견하고 떠올린
기획입니다.

이 모든 게 '어떻게 하면 멋진 건물을 만들 수
있을지'가 아닌, '이 건물을 쓰거나 방문하는 사람들이
네이버를 어떻게 인식하도록 만들까'라는 고민에서
시작된 일입니다. 지금도 경부고속도로를 오갈 때
단순한 유리 상자와 그 안에 들어 있는 유기적인
초록 패널을 보면 여전히 네이버와 잘 어울린다고
생각합니다.

　　↖ 그린팩토리 옆에 새로 지어진 건물은 유사한
모습의 그레이 박스더군요. 아마도 기술력을 강조하려는
의도가 직간접적으로 반영된 결과일 거라는 생각이 드는데,
일터로서는 차가운 느낌이 들어 조금 아쉬웠습니다. 그러고
보니 어쩌면 원래 네이버는 차가웠을지도 모르겠네요.

이런 고민은 비단 디자인뿐 아니라 모든 영역에서
필요합니다. 기업이라면 사회공헌을 할 때도
'우리답게' 해야 하기 때문입니다. 그저 텔레비전
광고로 "우리 기업은 어려운 이웃을 생각합니다"
같은 메시지를 전달하거나, 임직원들이 갑자기 연탄을
나르고 김치를 담그며 봉사하는 것은 그 기업의
'브랜드다움'과는 거리가 멉니다.

네이버에서 진행했던 '네이버다운 사회공헌'의 대표적
예가 바로 2008년 시작한 한글 캠페인입니다. 앞서
브랜딩의 첫 단계는 비즈니스의 콘셉트를 되돌아보는
것이라고 했습니다. 이에 비춰보았을 때 네이버
서비스의 시작에는 '한글'이 있었습니다. 한글이
없다면 존재할 이유가 없는 기업, 네이버만큼 한글을
아껴야 하는 기업은 없다고 생각했습니다. 그러자
서체가 눈에 보였습니다. 그때까지만 해도 국내에서
일반적으로 사용되는 서체는 마이크로소프트나 애플

OS에 포함된 기본 서체였습니다. 디자이너는 서체를
유료로 구매해서 썼지만, 일반인들은 프로그램에
기본으로 설치된 서체 중에서 골라 쓰곤 했습니다.
저는 이 지점에서 네이버의 역할을 찾을 수 있을
거라고 보았습니다.

  ↳ 화면 해상도가 좋지 않았던 시절에 화면용으로
제작된 서체인 '굴림체'가 가장 안타까웠습니다.
화면용으로도 쓰지 않는 게 좋지만, 인쇄용으로는 절대 쓰면
안 되는 서체라고 생각합니다.

그래서 네이버는 최고의 서체 디자인 업체들과
함께 '나눔'이라는 이름을 가진 서체들을 만들어서
배포했습니다. 개발 비용을 네이버가 모두 부담하고
무료로 꾸준히 배포한 결과 지금은 길에 붙은 전단지와
지하철 광고, 작은 상가의 안내문이나 가게 간판까지,
대한민국 곳곳에서 나눔 글꼴을 볼 수 있습니다.
네이버 나눔 글꼴 캠페인 이후 많은 기업들이 서체를

만들고 배포했지만, 기업 마케팅에 쓰기 위해 브랜드
캐릭터를 담은 글꼴을 만들어 배포했다는 점에서
그 목적이 다릅니다. 네이버 나눔 글꼴은 네이버가
서비스에 쓰기 위한 목적으로 만든 것이 아닙니다.
대한민국의 일상이 더 나아지길 바라며 제작한
것입니다.

그렇게 만들어진 한글 캠페인은 텔레비전 광고의
100분의 1도 안 되는 비용으로 소비자에게 아름다운
한글과 더 아름다운 일상을 선물했습니다. 네이버다운
사회환원이었습니다. 혹여 네이버에 의미 있는
이익으로 돌아오지 않더라도, 그간 네이버가 존재할 수
있게 해준 한글에 보답하는 일이었습니다.

      ↳ 저는 나눔 글꼴은 스치기만 해도 알아봅니다.
최근에 방문했던 병원의 층별 사인도, 이 글을 쓰고 있는
비행기 좌석 스크린의 서체도 나눔고딕이네요. 나눔 글꼴을
발견할 때마다 그냥 기분이 좋습니다.

상식의 기획

기획은 상식이라고 했는데, 그렇다면 감각적인 기획은
어떻게 떠올리는 걸까요. 실제로 저를 만나면 '조 대표
이거 어떻게 생각해? 아이디어 좀 줘봐' 하고 부탁하는
분들이 많습니다. 저에게서 어떤 기발한 아이디어를
기대하는 거죠.

감각은 기발한 아이디어가 아닙니다. 끊임없이
고민하고, 공부하고, 훈련해서 키워내는 것입니다.
그러니 누구나 감각적인 기획을 할 수 있습니다. 물론
그렇다고 끊임없이 고민하고 공부하는 게 쉽다는 말은

아닙니다.

감각적인 기획을 생각해내는 방법은 이렇습니다. 가장 상식적이고도 기본적인 생각에서 출발합니다. 저의 모든 기획은 상식에서 시작되었습니다. 가령, 앞서 언급한 그린팩토리의 지하 주차장은 '주차한 층을 기억해야 한다'는 단순한 생각에서, 한글 캠페인은 '네이버는 한글의 토대 위에 존재하는 서비스'라는 기본을 발견하고 거기에서 출발했습니다.

이 상식과 기본을 돌아보면 평소 '원래 그런 거야' 하고 넘겼던 그 모든 것들을 원점에서 다시 볼 수 있게 됩니다.

JOH가 광화문 D타워의 설계를 맡았을 때의 일입니다. 부동산의 기본 상식은 '부동산은 임대료로 수익을 극대화한다'는 것이죠. 이 상식을 기준으로 광화문의 다른 빌딩들을 조사해보면 아쉬움이 생깁니다.

1층을 제외하면 임대료가 점점 내려가기 때문입니다.

일반적으로 2층은 1층보다, 3층은 2층보다 30퍼센트

이상 임대료가 저렴합니다.

그 이유를 찾아서 더 상식적인 논리로 해결할 때

감각적인 기획이 나옵니다. 위층으로 갈수록 임대료가

저렴한 이유는 당연합니다. 방문객이 많을 수록

임대료도 높아지기 마련인데, 보통 방문객은 눈에 띄는

1층에서 볼일을 보고 그 위로는 잘 안 올라갑니다.

특히 사무 공간이 대부분을 차지하는 광화문 빌딩들은

더 그렇죠. 위층은 이 빌딩에서 근무하는 사람이 쓰는

경우가 대부분입니다.

문제 해결을 위한 고민의 과정은 이렇습니다. 어떻게

해야 모든 층에서 1층과 동일하거나 더 나은 임대료를

받을 수 있을까? 사람들을 더 위층으로 올라가게 해야

한다. 그러려면 이 빌딩에서 일하는 사람과 방문객
사이에 구분이 없어야 한다. 위층에도 상업시설이
있다는 게 훤히 보여야 한다.

'로비'가 문제였습니다. 보통 빌딩 1층에는 로비가
존재하죠. 로비는 빌딩의 내부인과 외부인을 구분하는
역할을 합니다. 1층에서 밀려난 상업시설은 지하의
아케이드로 들어갑니다. 이렇게 되면 지하 식당들은
주변 직장인들이 점심을 해결하러 오는 장소가 될 뿐,
외부인이 일부러 찾는 식당이 되기 어렵습니다.

그래서 광화문 D타워는 로비를 지하로 옮겼습니다.
그때까지만 해도 한국의 프라임 오피스가 로비를
지하에 두는 것은 흔한 일이 아니었습니다. 아울러
방문객을 위한 입구를 따로 만들고 건물의 중심을
통과해 5층까지 바로 이어지는 에스컬레이터를
과감하게 배치했습니다. 그 결과 방문객은 1층부터

5층까지 올라가며 자연스레 상업시설을 둘러볼 수 있게 되었습니다. 또 입점해 있는 많은 가게들에 테라스 공간을 만들어서 내부이지만 외부 같은 쾌적함을 사계절 내내 느낄 수 있도록 했습니다.

로비를 지하에 둬서 1층 공간의 활용도를 높인 덕분에 완성할 수 있었던 디자인입니다. 지금도 광화문 D타워는 근처 직장인뿐 아니라 외부 방문자들이 주말에도 먼 곳에서 일부러 찾아오는 상업 빌딩입니다.

이렇듯 감각적인 아이디어는 상식에서 착안해 본질부터 다듬어 나가는 겁니다. 사실 본질에서 시작하는 아이디어든, 자다가 벌떡 일어나 떠올린 아이디어든, 아이디어 자체는 그다지 중요하지 않습니다. 아이디어는 어디에나 있습니다. 정말 중요한 건 여러 이해 당사자들을 한 방향으로 이끌어 포기하지 않고 '끝까지 실행'하는 겁니다. 그런데

아이디어가 만일 상식과 본질에서 시작되었다면
실행이 비교적 수월합니다. 상대를 설득하기 쉽기
때문입니다.

광화문 D타워 기획 과정을 '아이디어'라고 생각해본
적은 없습니다. 부동산을 가진 주인과, 방문객들,
그리고 임대료를 내는 다양한 업장의 마음으로 들어가
모두 공감할 수 있는 상식의 조합을 찾으려고 노력한
결과입니다.

정리하자면 기획의 과정은 이렇습니다.

1. 이 비즈니스의 본질(상식)이 무엇인지 생각한다.
2. 기존 레퍼런스에서 문제점을 찾아낸다.
3. 비상식적인 부분을 상식적으로 되돌려 문제를
해결한다.

즉, '상식으로 돌아가라'는 것입니다. 그렇다면
궁금해집니다. 상식적으로만 생각해도 남다른 기획이
가능하다면, 누구나 남다른 기획을 할 수 있는 것
아닌가? 왜 나는 그렇지 못할까?

상식을 잊었기 때문입니다. 어떤 대상이든 상식에
맞게 단순화해서 보면 본질이 남습니다. 그렇다면
우리는 일상 속에서 본질에 대한 고민을 얼마나 자주
할까요? 혹시 어떤 걸 봐도 '저건 원래 저런 거야' 하고
넘기지는 않는지요?

세상에 원래 그런 건 없습니다. 빵 한 조각을 봐도,
도시의 빌딩을 봐도 왜 그런지 끊임없이 물어야
합니다. 본질로 돌아가는 것. 그게 바로 감각의
핵심입니다.
상식으로 돌아가 내 기준에서 당연한 게 무엇인지
생각해보는 작업만 꾸준히 해도 충분히 남다를 수

있습니다. 정해진 관성에서 벗어나, 원래 그런 것은 없다고 가정하고 사물을 바라보아야 합니다. 감각적인 사람은 우리가 잊고 있던 본질을 다시금 떠올리는 사람입니다.

혁신의 방법

본질을 다시 생각하지 않으면 '트렌드'라는 허상에
빠져 따라가기 쉽습니다. 남다르기 위해서는
고정관념을 깨고 본질을 다시 들여다봐야 합니다.

JOH가 삼성카드에서 숫자 카드 시리즈를 개발했을
때의 이야기입니다. 2011년, 현대카드의 알파벳
카드가 업계를 긴장시키고 있었습니다. 알파벳 카드를
기점으로 현대카드는 '디자인 중심 카드'라는 인식을
얻게 되었죠. 단순하고 멋진 현대카드의 디자인은
카드의 옆 날 컬러까지 텔레비전에서 광고하는 수준에

이르렀고, 제 생각에 디자인으로는 현대카드를 넘어설 방법이 도저히 없어 보였습니다.

위기를 느낀 삼성카드가 리뉴얼을 위해 JOH를 찾았습니다. 현대카드와 대적할 만큼 멋지게 디자인해달라는 의뢰였죠. 그렇다면 어떻게 승부를 봐야 할까요? 우리는 다시 고정관념을 깨고 본질로 돌아가야 했습니다. 현금을 대체하는 소비 수단, 이게 신용카드의 본질입니다. 돈을 벌어주는 도구도 아니고 계급이나 신분의 상징도 아니죠. 검정 카드를 쓰면 최고 부자이고, 빨간 카드를 쓰면 중산층인 것을 드러내는 게 정말 카드의 본질일까요? 카드가 소비를 권장하고 위화감을 만드는 게 바람직하지 않다는 건 당연하고 상식적인 이야기입니다.

그래서 우리는 그 상식을 가지고 현대카드와 반대로 가는 전략을 구상했습니다. '많이 안 쓰게 도와주는 카드', '혜택이 카드에 적혀 있는 카드', '디자인하지

않은 카드'로 콘셉트를 잡았죠. 이로써 매뉴얼을
찾아야 하는 복잡한 혜택을 가진 카드, 나의 신분을
뽐내는 멋진 디자인을 가진 카드가 정말 필요한 걸까
하는 질문을 고객에게 던졌습니다.

우리는 아무것도 인쇄되지 않은 소재 그대로의 흰
카드에 1, 2, 3, 4, 5 숫자만 넣었습니다. 그 옆에는
주요 혜택을 한두 줄씩 한글로 써넣었죠. 혜택이 한 줄
적혀 있으면 1 카드, 두 줄 적혀 있으면 2 카드입니다.
신용카드는 결제 도구일 뿐이라는 본질을 다시금
상기시키고, 내게 필요한 기능을 직관적으로 보여주는
데 집중했습니다.

더 나아가 '소비'라는 본질에 집중해 '많이 안 쓰게
도와주는 카드'를 카피로 제안했습니다. 물론 카드
회사는 고객이 카드를 더 많이 사용할수록 더 큰
이익을 봅니다. '많이 안 쓰게 도와주겠다'라는

것은 그들 입장에서는 손해죠. 하지만 소비자에게는 소비의 본질을 더 깊이 고민하는 브랜드로 각인될 것이고, 이게 이 카드를 선택하는 이유가 될 거라 생각했습니다.

ㄴ 당시, 카드를 쓸 때마다 그달 납부할 누적 대금을 문자 메시지로 보내주는 서비스, 소비 패턴을 자동으로 정리해서 가계부를 생성해주는 서비스 등을 제안했는데, 지금은 어느 카드 브랜드에서나 이런 서비스를 제공하고 있습니다. 이런 차별화된 브랜딩은 오너의 강하고 일관된 의지 없이는 유지되기가 어렵습니다. 얼마 안 가 삼성카드의 콘셉트가 희석되고 무뎌지는 것을 보면서 많이 아쉬웠던 기억이 납니다.

혁신을 위해 기발한 아이디어를 찾아다니지 않아도 됩니다. 상식의 눈으로 본질을 발견하고 과감하게 드러내는 게 곧 혁신입니다.

전문가는 없다

소리로 주차한 층수를 기억하게 만든 그린팩토리의
주차장, 로비를 지하에 만든 광화문 D타워, 디자인
대신 혜택을 써넣은 삼성카드…. 많은 이들이 이런
기획 과정을 들으면 이렇게 반응합니다. '아, 듣고
보니 맞네', '너무 당연한 이야기네…' 저절로 고개를
끄덕입니다. 결과만 보면 혁신적 아이디어처럼
보이지만, 이 모든 게 상식과 본질에서 시작된
기획이기 때문입니다. 상식은 설득이 어렵지 않습니다.
물론 그렇게 실행하는 데는 용기가 필요합니다. 원래
하던 대로 하지 않으니까요.

제가 일을 할 때 직원들에게 가장 많이 하는 질문은
이런 겁니다. 이 일은 왜 하는 건가요? 안 해도 되는
건 아닐까요? 우리는 뭐하는 회사인가요? 이걸 하면
수익이 생기나요? 어느 조직에서든 제게 회의 시간이란
이런 질문을 하고, 거기에 답하는 시간이었습니다.
저의 역할은 업의 본질에 대해 반복해서 묻는
질문자였습니다.

의뢰받은 요청을 기반으로 시안을 디자인하고 의뢰한
사람을 만족시키는 게 디자이너의 일이라고 생각할 수
있습니다. 하지만 의뢰를 받았을 때 "이게 이 사업에
어떤 의미가 있죠?"라고 물을 수 있어야 기획자로
한걸음 나아갈 수 있습니다. 이 질문을 늘 했기에 저는
디자이너임에도 여러 기획을 맡을 수 있었습니다.

기획이라는 일에는 정해진 틀이 없습니다. 자기 분야의
벽을 깨고, 이 일이 가야 할 방향과 그 본질에 대해 깊게

고민할 수 있는 사람이 하는 일, 그것이 기획입니다.
이런 방식으로 계속 일하다 보면 브랜드가 되는
것이고요.

요즘 브랜딩의 의미가 왜곡되고 있다는 느낌을 종종
받습니다. 본질은 뒷전이고, 소비자에게 보여지는
이미지를 포장하는 일을 브랜딩으로 여기는 경우가
많이 보입니다. 다들 소위 브랜딩 전문가에게 요즘
트렌드는 어떻고, 캠페인은 어떻게 해야 좋을지 의견을
구하고 싶어 합니다.

실은 브랜딩에 전문가는 필요 없습니다. 진짜
브랜딩은 포장이 아닌 내면에 있기 때문입니다.
브랜딩이란 일의 본질이자 존재 의미를 뾰족하게 하는
일입니다. 포장은 곧 벗겨지기 마련이고 그럼 얼마 안
가 본래 모습이 드러날 것이니까요.

세컨드키친, 2012
리플레이스 프로젝트 중 한 건물은 세컨드키친이었다.
마치 리모델링한 것 같은 느낌을 의도하고 높은 천장고를 가진 건물을
신축했다.

세컨드키친, 2012

세컨드키친 와인메뉴판, 2012
5만 원으로 마실 수 있는 와인 50가지, 10만 원으로 마실 수 있는
와인 50가지가 담긴 와인 메뉴다. 가격 대신 오로지 지역이나 품종 등
와인의 개성만 참조해 와인을 고를 수 있다.

에드백, 2012
매거진 〈B〉 에디터들이 쓰는 가방이라는 설정으로 제작한
가방. 어깨에 매거나 손으로 들 수 있는 절묘한 길이를
의도했고, 겉보기에는 심플하지만 가방 안에서 물건이 섞이지
않도록 수납 구분을 해서 무척 실용적이다.

에드백 백팩
JOH에서 제작한 에드백의 여러 시리즈 중 백팩의 모습.
심플하지만 기능이 완벽한 백팩을 구상했다. 지금까지 이 정도로
마음에 드는 백팩을 아직 찾을 수 없어서 지금까지 계속 들고 있다.

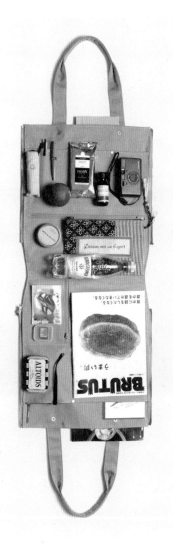

에드백, 2012

네스트호텔, 2014
영종도 인천공항 부근에 있는 호텔로 네이밍부터 건축, 소품까지
모두 JOH가 담당했다.

네스트호텔, 2014
바닥 면적을 최소화하고 공간을 낭비하지 않기 위해 객실 가구를
일체화했다. 건축설계 전부터 인테리어와 가구를 동시에
고민했기에 가능했던 결과다.

몇 년 전 여름, 매거진 〈B〉를
처음 보았다. 어린이 장난감
레고부터 목욕 제품 러쉬까지,
프라이탁 가방부터 자동차
아우디까지… 하나의 브랜드에
대한 이야기로 성실하게 한 권을
채운 그 잡지에는 광고가 없었다.
매거진 〈B〉의 접근법은 신선하다
못해 충격적이기까지 했다.
하나의 제품이 한 편의 시처럼
일상에 흘러들어오면, 마치
미래의 고고학자가 발굴품을
탐사하듯 나선다. 브랜드가
존재하는 이유를 소비자와
생산자의 공간에서 꼼꼼하게
복원해가는 것이다.

슈퍼마켓에 진열된 구체적
공산품이 이토록 품위
있는 바이오그래피 형태로
기술된다는 것이 신기했다.

그 매거진 〈B〉를 만든 사람이
조수용이고, 그는 그전에
네이버의 초록 검색창을
디자인한 사람이라고
했다. 분당의 네이버 사옥
그린팩토리도 이 사람 작품이다.
그런데 그 건물 계단엔
칼로리표가 있어 '노동'이
'운동'이 되고, 주차장 층마다
새소리, 물소리… 색다른 자연의
소리가 난다.
2003년부터 창립 멤버로 네이버
최연소 임원이 되었던 그는
2010년 사옥을 짓고 회사를
나왔다. 나오면서 자기가 가진
네이버 주식을 다 팔았다. 당시엔
자신이 없으면 네이버가 잘 안될
줄 알았다고 했다.

어쨌든 디지털 밸리 한가운데
있던 사람이 아날로그 대륙으로

넘어와, 남들 다 망할 거라고
한 잡지를 성공시키더니, 몇 년
전부터는 동에 번쩍 서에 번쩍
이 도시에 홍길동 같은 행적을
보였다.

현미로 밥을 짓는 건강한
밥집이 생겼다고 해서 달려가
먹어보면 그 집 주인이
조수용이었다(일호식).
영종도에 세련된 디자인 호텔이
지어졌다고 인스타그램에서
떠들썩해서 찾아가면 그걸
지은 사람도 조수용이라고
했다(네스트호텔). 후배가
쿨하고 군더더기 없는 백팩을
매고 있어서 어디서 샀느냐고
물어보니, 조수용이 만들어 파는
거라고 했다(에드백). 심지어
광화문 D타워의 내부 설계도
조수용 작품이다.

서울대 산업디자인 학과를 나온
그는, 2010년부터 크리에이티브
집단 JOH의 대표다. 1년 전부터
제안할 때마다 번번이 인터뷰를
사양하더니, 얼마 전 카카오의
디자인 마케팅 총괄 부사장을
겸임한다는 발표가 나고서야
만남에 응했다. '때가 된 것
같다'며.

단풍이 거리를 물든 어느 날,
한남동에 있는 JOH 사옥에서
그를 만났다. 간결한 민머리에
검은 백팩을 멘 채였다.

**매거진 〈B〉가 이 건물 안에 같이
있나요?**

"네. 그런데 취재하는 브랜드와
좀 친해지고 싶으면 아예 그
사무실에 들어가서 마감을
하죠. 지금은 위워크Wework라는
사무실 공유 기업을 취재 중인데
거기서 마감 중일 거예요. 미국
기업인데 한국에도 진출했어요.
제가 아주 감동 받은 곳이지요."

**위워크의 어떤 점이 그렇게
매력적이던가요?**

"위워크의 업의 태態는

부동산이에요. 빌딩을 빌린 다음에 회의실 한 칸 정도의 자리를 나눠서 임대하는 거죠. 업태로만 보면 부동산 임대업이 그리 대단한 사업은 아니잖아요? 그런데 이 사무실의 구조와 네트워크가 진짜 멋있어요. '어떻게 일을 하면 좋을 것인가'의 패러다임을 제시해요. 이를테면 공간에 가치관을 넣은 거죠. 더 재밌는 부분은 거기에 입주한 사람들끼리 강력한 커뮤니티를 만들어줘요. 네트워크는 공간 이동도 가능해서 가령 강남역 위워크에서 일하다 샌프란시스코에 가서 일해야 한다면, 샌프란시스코에 있는 위워크에 사무실을 내줍니다. 커뮤니티는 입주자가 샌프란시스코에서 일할 수 있도록 디자인이나 법률 등 기타 사업에 관한 도움을 주고받을 수 있도록 도와주죠. 순식간에 국경을 넘어 동료가 생기는 거예요. 거기에 입주했다는 것만으로. 정말 멋진 기업이죠? 건물이 연결되면서 공간이 연결되고 경험과 사람도 연결되는 거예요."

단순히 사무실 하나 빌렸을 뿐인데 전 세계에 동료와 인프라가 생기다니… 과연 온라인과 오프라인이 매력적으로 결합한 사례네요.

"저는 그게 지금 시대의 진짜 크리에이티브라고 봐요. 제가 하는 사업의 포인트이기도 하고요. 가령 IT 기반으로 자란 저희 세대가 부동산, 제조업 등 이전 세대의 하드웨어 사업을 재해석할 때 진정한 뭔가가 만들어진다고 생각해요. 사이버 세계에 길든 우리가 IT 경험으로 이전 세대의 폐쇄적인 사업 경계를 허물어트리는 식이죠."

JOH는 지금 무슨 일을 하고 있나요?

"크게 보면 하나는 매거진
〈B〉를 플랫폼으로 하는 브랜드
콘텐츠 사업이고, 또 하나는
'사운즈'라고 도시에 컨텐츠를
심는 부동산 개발 사업이에요.
쉽게 말해 땅을 사서 좋은 주거,
오피스, 식당이 모인 동네를
만드는 거죠.
지금 한남동 제일기획 근처에
600평 정도 공간을 사서 조그만
광장도 만들고 건물도 짓고
있어요. 이를 테면 작은 도시죠.
'우리 동네에 사운즈가 생겼어'
그러면 '아! 거기 들어가 살고
싶다.' 이런 생각이 들도록
가치를 만들려고 해요."

**최근 카카오의 디자인 마케팅 부문
부사장에 영입됐는데, 카카오는
당신에게 어떤 부분을 기대하고
있나요?**

"그전에 카카오의 자회사인
벤처 투자사가 JOH의 사업에
관심을 두고 투자를 하고 싶어
했어요. 그 이유가 단순히 '돈을
많이 벌겠구나'는 아니에요.
온라인의 끝에 도달하면 결국
오프라인으로 연결되거든요.
여느 IT 기업들도 똑같은 행보를
보여요.
구글이 구글시티라는
프로젝트를 발표한 것도 같은
맥락이죠. 구글이 도시 하나를
제대로 설계해보겠다는 건데,
그럼 그 생각이 왜 나왔냐?
IT 기술과 네트워크의 힘이
진짜 사람의 삶을 바꿔야 하는
거잖아요. '진짜 세상에서의 삶은
폐인인데, IT에서만 풍족하다.'
그러면 그 패러다임은 끝난
거예요.. '진짜로 건강하게 살고
있나? 진짜 삶이 편해졌나?
그래서 행복하고 즐거운가?' 이
질문에 대답할 수 있어야 완성이
되는 거죠."

실제로 현대인들은 사이버와 진짜

세상에서 어디에 무게 중심을 두고
서 있어야 할지 혼돈스러워해요.
카카오가 IT기업의 이상을 잘 실현할
수 있다고 봅니까?

"일단 '진짜 삶으로 들어가야
한다'는 건 카카오 김범수 의장이
가진 근본 철학이에요. 최근
카카오 벤처 투자사가 투자한
곳이 '만나박스'라는 회사인데,
신개념 농업 기술을 실천하는
곳이에요. 친환경에서 물고기
배설물이 거름이 되어 다른
생물을 키우고, 뿌리 달린 채소를
집까지 배달해서 주는 식이에요.
기술의 힘으로, 리얼 월드의 삶을
건강하게 바꿀 수 있다는 거죠.
그게 머나먼 꿈이 아니에요."

네이버 이야기를 해보죠.
일반인에게는 '네이버 검색창을
디자인하고 사옥 그린팩토리를 지은
디자이너'로 알려져 있어요. 실제론
디자인과 마케팅을 총괄한 최연소
임원이었지요?

"네이버에서 제가 일으킨 가장
의미 있는 변화가 그거예요.
사실 내가 뭘 디자인하고
어디로 가려고 하나 생각하면
마케팅이나 전략에 대한 생각을
안 할 수가 없어요. 네이버에
대한 정체성을 깊이 생각하다
보니, 결과물로 녹색 검색창도
디자인하고 사옥도 짓게 된
거고요."

요즘엔 네이버가 인터넷 생태계에
지나친 영향력을 행사한다고 말들도
많아요. 여론, 언론,정보의 밀도와
방향을 조종하고 광고 시장을
독점한다는 비난이지요. 그런데
'국민이 네이버를 세금으로 운영되는
공공기관으로 잘못 알고 있는 것
같다'는 발언을 한 적이 있어요.

"네이버가 한글로 다양한
검색이 가능하도록
데이터베이스를 구축했다는
점을 인정해야한다는 거죠.
사람들은 원래 네이버 같은

서비스가 대한민국에 있었다고 착각하지만, 그렇지 않아요. 일본만 해도 좋은 정보를 얻으려면 서점이나 도서관에 가야 해요. 한국에서는 네이버가 백과사전도 넣고, 뉴스나 지식인을 통해 정보를 짜내고 없는 문서를 만든 거죠. 만약 네이버가 없었다면 우리는 그냥 구글을 썼을 거예요. 그러면 네이버가 아닌 구글이 돈을 벌었겠죠.

실제로 전 세계 포털이 거의 구글에 잠식당했어요. 중국은 아예 '페이스북 싫어', '구글 싫어'라고 거부한 것이고. 만약 네이버가 불공정한 권력이라고 느껴지고 거기서 벗어나고 싶으면, 안 쓰면 되는 거거든요."

여전히 네이버에 대한 애정이 큰 것 같습니다.

"너무 크죠. 컸었죠. 정말 제 회사라고 생각하고 일했어요."

그런 회사를 왜 나왔나요?

"그 당시 저는 네이버에서 제가 갈 수 있는 끝까지 갔어요. 어마어마한 예산을 집행했고 누구에게도 구속받지 않았고 월급도 많고, 차에 기사에 원하면 세계 어디든 비행기 타고 갈 수 있었죠. 누가 봐도 평생 다녀야 할 곳이었어요. 그런데 제가 여기서 안주하면 진짜 세상에 해보고 싶었던 일들을 못 할 것 같았어요.

적절한 시기에 홀로서기를 한 셈인가요?

"그때 회사 주식을 조금 가지고 있었는데, 그만둔 날 다 팔았어요. 내가 없는 네이버는 잘 안될 거다, 생각을 해서(웃음). 그랬더니 조수용이 회사 공금을 횡령하다 잘렸다는 루머까지 돌았잖아요(웃음). 그럴 정도로 이해가 안 되는 결정이었죠. 그때 그만두지 않았다면 지금은 라인

하나를 더 하고 있겠죠.

그런데 홀로서기를 하면서 제 인생이 정말 많이 달라졌어요. 매거진도 있고 우리 식당도 있고 건물도 있고 내가 만든 가방도 들고 다니고. 진짜 값진 경험을 했어요. 카카오도 과거 네이버의 조수용이 아니라, 지금 JOH의 조수용과 손을 잡은 거잖아요."

카카오에 와서 큰 그림으로 '브랜드 가치를 글로벌 수준으로 발전시키겠다.' 이렇게 선언 했는데요. 구체적인 전략이 있나요?

"카카오라고 불리는 곳에는 카카오뿐 아니라, 다음과 멜론이라는 세 가지 브랜드가 있어요. 검색 포털과 메신저와 음악 플레이어. 그런데 이 세 브랜드가 다 로컬 느낌이에요. 친근해서 좋지만, 이제는 넘어서야죠. 혁신이 필요해요. 멀리 보고 도움닫기를 하는데 일종의 결단 차원에서, 제 역할이

있을 거라고 봐요.

일단 한국에서 나온 서비스는 글로벌로 갈 때 언어 때문에 제약이 많거든요. 그 문제를 넘어서면서 이 서비스가 가진 장점을 글로벌 시장에서 안착시키려고요. 버릴 것과 태울 것을 가려가면서."

어쨌든 JOH에서 성공시킨 사업들이 카카오 글로벌 플랫폼을 발전시킬 힌트가 되지 않을까 생각하는데요. 가령 웰빙 한식당 일호식도 뉴욕 진출을 생각하고 있고, 매거진 〈B〉는 영문판을 같이 만들었죠?

"매거진 〈B〉는 처음부터 같이 만들었는데, 지금은 영문판이 더 많이 팔리고 있어요. 한국보다 글로벌 마켓에서 매거진 〈B〉를 더 가치 있게 보고 있어요. 이를테면 역전된 거죠. 처음엔 '왜 번역 감수까지 어렵게 받아가며 영문판 만드느냐' 또라이 소리도 들었지만,

지금에야 빛을 보는 거죠. 사실 한국 소비자들은 좋아한다고 하면서도 실제로는 잘 안 사요(웃음). 국내 판매에 집착하면 상처를 받죠. 점차 한국판은 접을 생각이고, 대신 한국에서는 매거진 〈B〉 콘텐츠를 팟캐스트로 공급해 보려고요."

6년간 잡지를 만들면서 성공한 브랜드를 깊게 통찰했다는 건 JOH의 귀한 자산이에요. 특별히 인상 깊었던 기업이 있나요?

"저는 아우디에서 아주 묘한 코드를 봤어요. 브랜드 속성이 럭셔리인데, 짐짓 럭셔리가 아니고 싶어하는 듯한. 분명 고급차인 건 맞는데 너무 뽐내는 사람처럼 보이고 싶지 않을 때 선택한다는 거죠. 이솝Aesop 같은 화장품 브랜드도 놀라워요. 신제품도 안 나오고 포장도 신경 안 쓰고 마케팅도 안

하는데 제일 고급스러운 장소엔 늘 이솝이 있어요. 알고 보니 기업 문화나 유통 방식에 답이 있었어요.

츠타야도 좋았어요. 겉으로 보면 츠타야는 그냥 서점이지만, 알고 보면 서점은 플랫폼이고 실제로는 데이터베이스를 마케팅하는 회사이기도 하고 부동산 회사이기도 해요."

다른 사업은 어떤가요? 호텔은 계속 지을 건가요? 영종도의 네스트 호텔이나 여의도 글래드호텔 같은 곳은 컨셉이 정말 분명하더군요. 두 곳 다 디자인 호텔로 선정됐지만 일각에선 건축가가 아닌 디자이너가 어떻게 호텔을 짓느냐 말들도 있었습니다.

"우리가 글로벌 체인 호텔이라고 하는 곳도 알고 보면 부동산 투자사가 유치해서 넣는거죠. 실제 본사의 서비스 정책과 긴밀하게 연결된 것도 아니고.

라이센스 계약 끝나면 간판도 바꿔 달고. 그래서 호텔 프로젝트를 의뢰받았을 때, 저는 부동산 개발 사업에 가까운 이 '업'을 제품 개발하듯 바꿔서 해봤어요.

이 제품을 어떻게 쓸까. 이름은 뭐로 짓고 기능은 무얼 넣고, 디테일과 가격은 등등. 그래서 저는 제가 작업한 호텔을 '디자인했다' 그러면 굉장히 불편해요. 디자인은 아주 작은 부분이거든요. 본질은 제품 개발이나 사업 계획에 가깝고 디자인은 생각이 정리되면 간단하게 나오는 결과물이에요. 가령 영종도엔 갈대가 많으니까 갈대를 엮은 개념으로 '네스트'를 만든다거나."

사업을 위한 생각의 기초는 어떻게 만들어갑니까?

"일을 시작할 때, 제일 피해야 할 게 있어요. '나는 잘 모르겠는데 아마 사람들은 이걸 좋아할거야'라는 접근법. 가령 카페 하나 만들려고 하는데, 요즘 애들은 드립 커피 좋아하지 않나? 인테리어가 중요하지 않나? 너무 뒷골목이면 안 되지 않나? 그런데 간판도 중요하다며? 이러다가 결국엔 이도 저도 아닌 상태에서 이상한 엣지만 주게 돼요.

저는 이렇게 해요. 내가 카페에서 언제 좋았지? 내가 그때 무슨 기분이었지? 아! 그때 메뉴판이 이래서 좋았구나. 그때 음악이 없어서 새소리가 들렸구나. 오로지 내가 좋아했던 순간을 끝까지 추적해서 구체화하고 단단하게 정리해요. 그게 '브랜딩'이에요. 그런 다음은 이것저것 안중요한 걸 빼요. 불필요한 걸 빼고 나면 오히려 남다른 캐릭터가 생겨요."

중심을 갖고 군더더기를 뺀다는

거죠?

"그렇죠. 그런데 보통은 거꾸로
해요. 이 사람한테 묻고, 저
사람한테 묻고 계속 보태죠.
그런데 아이디어라는 게 갑자기
반짝 튀어나온 기발한 생각이
아니에요. 한 사람의 경험치와
일관된 생각의 흐름에서
나온 거거든요. 그래서 저는
일명 크리에이티브 시장에서
"아이디어 좀 주세요!" 이렇게
나오면 함께 일을 잘 안 해요."

**직원을 뽑는 방식도 새롭던데요.
셰프가 디자이너를 면접 본다든가
관련이 없는 직원들도 적극적으로
참여시킨다고 들었어요. 반면 사장은
면접을 안 본다면서요?**
"네. 전 안 봐요. 사실 저는
새로 뽑는 사람도 중요하지만
기존에 있는 사람도 중요해요.
가령 'JOH에 왜 들어오고
싶은가?' 상대에게 묻는 말은
나 자신에게도 묻게 되거든요.

채용이 사람을 뽑는 목적도
있지만, 저한테는 기존
직원들의 생각을 더 발전시키는
프로세스예요."

**주인의식에 대해 말하는 걸 들은
적이 있어요. '나를 내려놓을 수
있을 때, 나보다 일이 더 중요하다고
말할 수 있는 의식 상태'라고 했는데
구체적으로 무슨 뜻인가요?**
"저는 주인인식을 '나라는
사람을 상대방에게 끝까지
감정이입 시키는 능력'이라고
보는데요. 가령 카페 주인이
나한테 디자인을 의뢰했다면, 그
사람의 머릿속에 나를 완전히
투영시켜요. 그런데 그 일을
안 하는 게 그 주인에게 더
이로울 수도 있다면, 내 이익에
반하더라도 빠지겠다고 말하는
거예요.
일은 하는 게 어려운 게
아니에요. 하고 싶은데 참거나,
열심히 했는데 빠지게 되거나,

완성했는데 무너뜨리고
다시 해야 할 때가 어려운
거죠. 그 상황에서 자기의
이해관계보다는 우두머리가
조직이 어디로 가야 하는지를
이해하는 사람이 진짜 주인의식
있는 사람, 인재라고 저는 보는
거죠."

**리더로서 크리에이터로서 본인의
가장 큰 재능은 뭔가요?**
"저는 우선 상대방의 마음을 잘
읽으려고 노력하고요(웃음). 또
하나는 어차피 제로 상태에서
시작했기 때문에 잃을 게 없다는
정신, 똘끼 같은 게 있어요. 그런
마음이 있어야 좀 버티잖아요.
매거진 〈B〉도 2년 하다가
그만뒀으면 흔적도 못 찾았을
텐데 6년을 버티니까 존재감이
생긴 거죠. 그게 아이디어의 좋고
나쁨이 아니라 핵심은 얼마나
버티는가 거든요. 버티면 좋은
아이디어와 콘셉트가 되는데, 못

버티면 실패가 되죠.

조수용에게 일이란 어떤 의미인가요?
"어릴 때부터 전 제가 오래 살 것
같지 않았어요. 그래서 늘 시간이
아까워요. 시간이 아까우니 하기
싫은 일, 안 맞는 사람하고는
일을 안 해요. 대화가 안 되는
사람과 이야기하면 '이런 낭비가
다 있나' 싶어서, 당장 손해
보더라도 '제발 그냥 그만하게만
해달라'고 사정해요(웃음).
그래서 일이 힘들어도 마음이
가는 일을 해요."

마음이 가는 일이란 게 뭐죠?
"저는 자본주의를 참 좋아하는
사람이에요. 그런데 자본주의가
유지되려면 자본이 건강한
생각을 해야 해요. 이런 말을
하면 돈 안 되는 사회사업
같지만, 저는 매거진 〈B〉에서
기업을 탐구하면서 깨달았어요.
건강한 자본이 강력한 브랜드를

만들고, 그게 진짜 돈이 된다는
걸. 경영주도 직원들도 소비자도
함께 행복한 기업이 생각보다
어렵지 않아요."

**'건강한 자본'이 일종의 블루 오션
영역일 수 있다는 거죠?**
"그렇죠. 제가 하는 건강한
한식당 콘셉트의 일호식도
그렇게 시작했어요. 처음엔
"현미로 지은 집밥을
좀 세련되게 먹으면
어떨까?"그랬더니 직원들이
"대표님은 돈 버는 것보다
건강한 식단을 알리고 싶으신
거죠?" 되물어서 깜짝 놀랐어요.
저는 이게 성공할 거라고
확신했거든요. 그래서 이 컨셉
말고 다른 돈 되는 게 있으면
가져와 보라고 했죠. 결국,
건강하면서도 맛있고 세련된
라이프가 돈이 돼요.
매거진 〈B〉를 할 때도 '조수용이
네이버에서 나오더니 이제

사회적으로 존경받고 싶어
무모한 도전을 한다'고들 했지만,
저는 이 시대에 미디어로 평생
돈 벌 수 있는 건 이것뿐이라고
확신했어요. 광고 없는 브랜드
잡지 그런데 소비자를 위한 수준
있는 잡지가 없잖아요.
저는 비즈니스맨이예요. 그런데
이제는 예전 시대와 달라서
사업 자체가 올바르고 철학이
있어야 오래 살아남을 수 있어요.
물론 초기에 좀 버틸 힘이
있어야 하고, 버티려면 똘끼가
있어야죠."

**일명 버티는 힘과 크리에이티브
유전자는 누구에게 물려받았나요?**
"저를 만든 게 두 가지가 있어요.
하나는 어렸을 때 좀 가난했어요.
그러다 보니 어머니가 1년에 딱
한 벌만 옷을 사주셨어요. 시험
보기 전날, 잘 보라고. 저는 1년에
딱 한 번이니 얼마나 잘 사고
싶었겠어요. 어머니는 모든 결정

권한을 저에게 주셨어요. 영등포에 살았는데, 어머니 손 잡고 그 일대 시장을 샅샅이 돌았죠. 가게마다 제품 다 비교하고는 마지막에 한 벌을 골랐어요. 그러면 어머니는 딱 한마디만 하셨어요. "그 옷의 어떤 점이 제일 좋으니? 후회하지 않겠니?" 그게 큰 훈련이 됐어요. 당시에 영등포 옷 가게 상표를 다 외우고 로고까지 그릴 정도였어요.

그게 습관이 되어서 대학생 때 소설책 골라도 대형 서점, 헌책방 다 돌고 번역가, 표지 디자인, 장정, 가격 다 비교한 다음에야 맘 편히 한 권을 샀어요. 그러다 보니 브랜드를 보는 직관 같은 게 생겼죠.

두 번째는 네이버에서 일하면서 너무 좋은 분들을 만난 거예요. 그분들에게 기업 철학의 근간을 배웠어요."

이해진, 김범수 의장을 말하는 건가요? 그분들의 어떤 점에서 영감을 받았습니까?

"김범수, 이해진 의장님 두 분 다 정말 부자예요. 몇 조 정도 가뿐히 갖고 계시지 않을까요(웃음). 그런데 그런 돈 냄새가 안 나요. 권위적인 느낌도 없어요. 중요한 건 그분들 곁에서 돈을 많이 버는 것이 행복하지만은 않다는 걸 알게 됐어요. 온전히 내 삶을 살 수가 없더라고요. 그분들 덕에 부에 대한 집착을 정리할 수 있었어요."

두 사람의 스타일은 어떻게 다른가요?

"비슷한 만큼 다르죠(웃음). 이해진 의장은 굉장히 꼼꼼하게 본인의 경험을 기반으로 깊게 모든 사항을 챙기고 집요하게 완성도를 높이려고 해요. 김범수 의장은 사람을 믿고 과감하게

INTERVIEW

배팅하죠. 실패해도 그다지
서운해하지 않고. 두 분 다 멋진
리더예요."

신드롬이라고 있었잖아요. 붕
뜨면 도마 위에 올려져서 탈탈
털리는 거죠(웃음)."

**잡지, 식당, 가방, 건축 등 영역이 다른
많은 일을 빠른 시간에 해내는 비결은
뭔가요?**

"김범수 의장님과 비슷해요.
제가 다 집착하지만 일일이
관여하진 않아요. 시작과 끝에
대한 책임은 지지만, 과정이
진행될 때는 직원들에게 거의
맡겨요."

왜 인터뷰를 하기로 했나요?

"신문 기사를 보니 '초록색
검색창 만든 네이버 조수용,
카카오 부사장 영입' 이렇게
기사가 났더라고요. from 네이버
to 카카오 이런 식으로 인식되면,
적진으로 옮긴 느낌을 주잖아요.
그건 아니라고 말하고
싶었습니다(웃음)."

어떤 직원을 신뢰합니까?

"안정되고 정해진 길을 가고
싶어 하는 사람보다 모험심이
강하고 두려움이 없는 사람들과
잘 맞아요."

**이제까지 인터뷰를 몹시 꺼려 왔는데
이유가 뭐죠?**

"저는 유명해지는 걸
두려워해요. 한동안 무릎팍 도사

CHAPTER

4

브랜드

CHO가 아닌 JOH

저는 큰 목적이나 사명을 갖고 일하는 사람이
아닙니다. 그저 맡은 일에서 최선의 결과를
만들어내고자 한 직장인이었고, 나의 결과물
이전에 회사의 결과물, 오너의 결과물을 만드는
사람이었습니다.

뒤늦게 내가 진짜 하고 싶은 일을 고민했습니다.
2010년, 네이버를 퇴사하니 대학 때부터 쌓여 있던
피로가 한꺼번에 밀려오는 것 같았습니다. 처음으로
'쉬고 싶다'는 생각이 들었습니다. 친한 친구 일을

도와주며 '가만히 있는 시간'을 몇 개월 보냈습니다. 그 시간 동안 내가 진짜 뭘 하고 싶은지 고민했습니다.

↘ 회사를 다니며 다음 일을 궁리하는 건 스스로 당당하지 못한 것 같아서, 인생의 다음 계획은 퇴사 후에 고민하기로 하고 퇴사한 바로 그날 호기롭게 얼마 안 되는 네이버 주식을 모두 팔았습니다. 이후에 네이버 주가가 엄청 오르는 걸 보면서 내가 왜 그랬을까 후회하긴 했지만요.

'디자이너가 뭘 해서 돈을 벌지?'라는 질문에는 사실 답이 정해져 있습니다. 디자인 컨설팅이죠. 그 당시 컨설팅을 잘할 자신이 있었지만 진짜 하고 싶은 일은 아니었습니다. 답답한 마음에 생각을 바꿔서 '만약 내가 지금 100억 원쯤 가지고 있다면 뭘 하고 싶을까?'를 고민해봤습니다.

그 질문으로 찾은 답은 지금 생각해도 부끄럽습니다. 그건 '퇴사하고 카페 차려야지' 수준이었고 카페,

레스토랑, 가방, 잡지 사업이었습니다. 그전까지 계속
몸담았던 IT 업계에 그리 큰 애정이 있지는 않았나
봅니다.

당시 집을 마련하고 통장에 남은 돈은 약 1억 원이
전부였습니다. 그래서 카페, 레스토랑, 가방, 잡지
사업을 할 정도의 자금을 마련할 때까지는 어쩔 수
없이 컨설팅일을 해야겠다고 마음먹었습니다. 그런데
바로 그 무렵 만난 엔젤투자자의 감사한 도움으로
쪼들리지 않고 창업했고, 결국 컨설팅까지 병행하면서
하고 싶은 사업을 모두 할 수 있었으니 아무리
생각해도 정말 운이 좋았습니다.

JOH는 그렇게 운명처럼 시작되었습니다.

JOH라는 사명은 실은 정말 많이 고민한 이름입니다.
조수용의 '조'를 딴 건 맞지만, 보통 조 씨는 영어

표기로 'CHO'를 씁니다. 전 어릴 때부터 이게 늘 이상하다고 생각했습니다. 저 표기는 '초'라고 읽히니까요. 그래서 대학생 때 처음 여권을 만들면서 신청서에 CHO 대신 JOH라고 써냈습니다. 이 일은 내 상식대로, 내 방식대로 삶을 살아가리라는 다짐과 같은 것이었고, 그 마음을 담아 회사명을 JOH라고 붙였습니다.

2010년 말, JOH를 설립하고 실제로 레스토랑, 가방, 잡지를 모두 만들었습니다. 2011년 매거진 〈B〉를 창간했고 2012년에는 일호식을 오픈하고 에드백ED BAG을 출시했습니다. 솔직하게 말씀드리면, 이 아이템들 모두 사업적으로 성공했다고 말하기는 어렵습니다.

하지만 시간이 지나 매거진 〈B〉는 JOH의 대표 사업이자 정체성이 되었습니다. 사실 처음 잡지를

만들겠다고 밝혔을 땐 모두가 말렸습니다. 사양
산업이라는 인식 때문이었죠. 지금껏 〈B〉는 큰돈을
벌어들이진 못했지만, 그 대신 브랜드를 다루는
상징적인 미디어로 전 세계에 자리잡았습니다.
JOH만의 돌파구를 찾았기 때문입니다.

〈B〉는 '광고 없는 잡지', '과월호 없는 잡지'로
시작했는데 그건 '단행본 같은 잡지'라는
아이덴티티를 생각했기 때문입니다. 신간이 나온
그때는 좋지만, 나중에는 버리기도 그렇고 갖고
있자니 짐이 되는 책이 바로 잡지입니다. 그렇다면
한 권에 하나의 브랜드를 심도 깊게 다뤄 단행본처럼
만든다면, 사람들이 과월호도 구매하고 소장하지
않을까? 하고 생각했습니다. '버려야 하는 과월호'가
아닌 '소장하고 싶은 과월호'가 되어 지속적인 수익을
낼 수 있는 책 판매 모델을 구상한 것입니다.

타깃은 처음부터 글로벌 시장으로 잡았습니다. 광고가 싫어서가 아니라, 광고를 하려면 타깃과 기간, 지역을 지정해야 하기 때문에 광고 없는 잡지가 되었습니다. 창간호부터 '정기적으로 발행되는 단행본'을 한글판과 영문판으로 제작했습니다. 굳이 매출로 계산하지 않더라도 여전히 1년 전에 발행한 책과 13년 전에 발행한 국,영문책이 동시에 전세계에서 팔리고 있다는 점에서 매거진 〈B〉는 성공적이라고 생각합니다.

사면체 브랜드

매거진 ⟨B⟩의 가장 큰 관심사는 '어떤 브랜드를
다루느냐'입니다. ⟨B⟩의 뒤표지 안쪽에는 항상 사면체
모양이 들어가며, 이곳의 각 꼭짓점에는 'Practicality',
'Beauty', 'Price', 'Philosophy'가 적혀 있습니다. 이
네 꼭지점이 서로 균형을 이루는 브랜드가 '완성된
브랜드'라고 생각했기 때문입니다. 매거진 ⟨B⟩의
이름도 'Balance'의 'B'에서 비롯했습니다.

그런데 왜 사면체일까요? 실용성, 심미성, 가격만
충족되어도 충분히 좋은 브랜드라고 할 수 있습니다.

192

하지만 세 요소만으로는 입체적인 브랜드가 되지

못합니다. 셋 중 하나만 부족해도 브랜드로서 존립이

어려워집니다. 여기에 철학이라는 점을 찍어야

브랜드가 입체적이 됩니다. 철학이 꼭지점을 만들면,

나머지 세 요소 중 하나가 조금 모자라도 브랜드는

앞으로 굴러갈 수 있습니다. 즉 가격이 비싸도,

실용성이 좀 떨어져도, 아름다워 보이지 않아도 철학이

있다면 브랜드는 완성됩니다.

매거진 〈B〉를 창간할 당시만 해도 크리에이티브와

비즈니스의 균형을 이야기하는 사람은 많지

않았습니다. 그래서인지 사석에서 브롬톤이나

프라이탁 이야기를 하면 사람들이 무척

흥미로워했습니다. 바로 이런 부분에 주목하면

많은 사람이 호응할 것 같았습니다. 메시지도 있고

비즈니스도 잘하는 브랜드, 그래서 '팬덤'이 있는

브랜드를 사람들이 알고 싶어 할 거라고 생각했습니다.

철학을 조명하는 것. 그게 바로 〈B〉의 관점이고
〈B〉가 가진 철학은 바로 그 '관점'입니다. 잡지
지면을 대부분 광고로 채운 잡지들은 자신만의 관점을
잃어가고 있었습니다. 대중은 관점을 가진 미디어를
원할 거라고 생각했습니다. 광고주에 휘둘리지 않는
〈B〉만의 관점을 가진다면 팬이 생길 수밖에 없고,
그러면 〈B〉를 몇 권씩 모으고 싶어질 테고, 결국 의미
있는 타깃층이 생길 거라는 게 〈B〉를 만들 때 저의
가설이었습니다.

창간호에서 프라이탁을 다룬 이유는 사면체의 균형이
완벽했기 때문입니다. 프라이탁은 디자인적으로
완벽합니다. 폐PVC 방수포와 차량용 나일론 벨트
등으로 제작했기 때문에 실용성이야 말할 것도
없습니다. 사람들은 20~30만 원대의 저렴하지 않은
가격에도 프라이탁을 사서 듭니다. 가끔은 프리미엄
리셀 가격이 붙기도 하죠. 철학이 뾰족하기 때문에,

가격의 꼭짓점이 살짝 흐트러져도 팬덤이 생기는
겁니다.

프라이탁과 같은 브랜드를 더 깊이, 많이 소개하고
싶었습니다. 그리고 더 많은 소비자가 '균형 잡힌
브랜드'의 아름다움을 알기를 바랐습니다. 프라이탁,
지샥, 에이스 호텔, 카페 인텔리젠시아···. 매거진
⟨B⟩에서 다룬 브랜드는 대부분 1등 브랜드가 아니라
균형을 이룬 브랜드입니다. ⟨B⟩의 독자들이 이 관점을
이해하고, 함께 탐닉하기를 바랐습니다.

　　"⟨B⟩를 완성하면서 끝까지 고민하고 검토한
　　것은 바로 '누가 읽는가'였습니다. ⟨B⟩는 브랜드
　　전문가를 위한 어려운 잡지가 아닙니다. 크고
　　작은 비즈니스를 구상하거나 브랜드를 소비하는
　　누구라도 브랜드에 대한 감각을 익히고, 세상을
　　브랜드적인 관점으로 보며 새로운 트렌드를

접할 수 있도록 도와주는 진지하지만, 읽기 쉬운

잡지입니다."

— 〈B〉 창간호 '프라이탁' 편에서

매력적인 소신

매거진 ⟨B⟩ '발행인의 노트'에 이런 말을 쓴 적이
있습니다. "오래 지속하는 좋은 브랜드가 된다는
것은 '좋은 사람'이 되는 것과 같다고 생각합니다."
결국 브랜드는 사람입니다. 창업자의 취향으로
시작되고, 직원들의 신념이 모여 브랜드 철학이
생겨납니다. 그래서 매거진 ⟨B⟩는 브랜드 다큐멘터리
매거진입니다. 브랜드를 한 명의 사람으로 대하면서,
그 브랜드의 태어남과 다른 사람들의 시선까지 고루
담으려고 노력합니다.

브랜드가 사람이라면, 좋은 브랜드는 '좋은 사람',
'매력 있는 사람'인 셈입니다. 그렇다면 우리는 어떤
사람을 보고 매력을 느낄까요? 착한 사람, 나쁜
사람이 아니라 소신이 있는 사람입니다. 소신과
일관성을 가진 사람 곁에는 그를 좋아하는 사람이
조금씩 생기기 마련이고, 그들이 확장되면 팬덤이
됩니다.

브랜드도 마찬가지입니다. 어떤 철학을 갖는지가
중요한 게 아닙니다. 마케팅 컨셉으로 ESG를
말한다고 개념 있는 브랜드로 보이지도 않고, 이익을
추구한다고 나쁜 브랜드로 보이지도 않습니다. 그보다
뭐든 소신 있게 자신의 철학을 끝까지 지켜내는 게
중요합니다. 즉, 브랜딩의 다른 말은 '소신을 찾아
나서는 과정'입니다.

이때 유념해야 할 것은, 남들이 좋아할 만한 것을

소신이라고 그럴싸하게 포장하면 안 된다는 겁니다. 그건 마치 어느 날 갑자기 호떡집 사장님이 '인류의 건강을 위해서 유기농 밀가루를 씁니다'라고 써 붙이는 꼴이죠. 사람들이 볼 땐 '이게 철학 아닌가?' 싶을 수도 있지만 그건 얕은 마케팅 수단에 불과합니다. 인위적인 철학은 소신이 될 수 없습니다.

어떤 소신이든 꾸준히 오래하면 결국 브랜드가 될 수 있습니다. 하지만 매력적인 메세지를 가진 소신이라면 역사가 길지 않아도 멋진 브랜드가 될 수 있습니다.

큰 브랜드, 작은 브랜드

소신 있는 사람 옆에는 사람이 모입니다. 소신 있는
브랜드는 작게라도 팬덤이 생기죠. 팬덤이 있다는
건 이미 사람들이 그 브랜드를 좋아하는 수준을
넘어섰다는 뜻입니다. 사랑하고 추종하는 겁니다.
자본주의 시대에 돈을 벌고자 하는 기업을 '사랑'마저
한다는 건 도대체 어떤 마음일까요? 어떤 브랜드가 그
고귀한 감정을 받을 수 있을까요?
해답은 작은 브랜드에 있습니다. 자본주의가 발전하며
도래했던 매스 브랜드의 시대가 어느덧 저물고, 스몰
브랜드의 시대가 새롭게 열리고 있습니다. 산업화가

막 시작되었을 때는 큰 브랜드가 작은 브랜드들을 삼켰습니다. '브랜드가 크면 안심이 된다'고 여기던 시절이었습니다.

지금은 산업화의 끝자락에 와 있습니다. 이런 시기에는 큰 브랜드와 작은 브랜드가 재차 역전됩니다. 매스 브랜드는 적당히 선택받기 쉽지만, 뾰족한 팬덤을 가지기는 어렵습니다.

이제 큰 브랜드는 작은 브랜드처럼 행동해야 하고, 작은 브랜드는 큰 브랜드처럼 생각해야 합니다.

작은 브랜드처럼 행동한다는 건 '불특정 다수'가 아닌 '의식 있는 소수'가 열광하는 부분을 찾아 이를 실천한다는 뜻입니다. 큰 브랜드처럼 생각한다는 건 '업에 진심인 사람들이 성실하게 노력하고 있는 느낌'인 '안정감'을 추구한다는 것입니다.

작은 브랜드처럼 행동하는 큰 브랜드로는 애플을
꼽을 수 있습니다. 애플은 스타트업 시절부터 스티브
잡스가 직접 무대 위에 올라가 스스로 만든 문서로
프레젠테이션을 한 걸로 유명합니다. 세계적인 기업이
된 뒤에도 잡스는 여전히 검은색 터틀넥과 청바지를
입고, 운동화를 신은 채 전 세계인들 앞에서 제품의
상세한 기능을 직접 시연하고 가격을 공개했습니다.
애플은 지금도 그 문화를 이어 가서 애플의 신제품을
알리고 있으며, 여전히 애플 매장에는 계산대 없이,
파란색 애플 티셔츠를 입은 직원들이 친구처럼
친근하게 접객 활동을 합니다.

아이폰의 시장 점유율이 엄청남에도 불구하고, 아이폰
유저들은 자신을 '의식 있는 소수'라고 생각하고
안드로이드 유저는 '개성 없는 다수'라고 생각합니다.
애플이 그렇듯, 작은 브랜드란 시장 장악력이
약하다는 것을 의미하지 않습니다. 브랜드의 규모와

상관없이 초심을 지키며 의식 있는 소수를 지향한다면 작은 브랜드의 정체성을 유지할 수 있습니다.

반대로 작은 브랜드가 큰 브랜드를 지향하는 경우 또한 많습니다.

그 예로 일본의 발뮤다Balmuda라는 생활가전 브랜드를 보겠습니다. 발뮤다의 주력 제품은 대기업이 시장에서 철수해 중소기업들만 만들고 있는 선풍기와 토스터였습니다. 하지만 그 뻔한 선풍기, 토스터라도 마음먹고 진심으로 만들면 어디까지 갈 수 있는지를 보여줬습니다. 바람을 일으키는 스크류를 일반적이지 않은 방식으로 만든다든지, 토스터에 물을 조금 넣어 죽은 빵을 살려내는 발상을 한 게 대단한 게 아니라, 그런 아이디어를 떠올릴 만큼 계속해서 생각하고 발전시킨 그 '진심'이 대단한 것입니다.

발뮤다는 초기부터 놀라운 브랜드 안정감을 보여주면서 세계적인 기성 생활가전 브랜드를 단번에 뛰어넘었습니다. 그들의 제품에는 품질에 진심인 사람들이 사소한 것 하나까지 신경 쓴 흔적이 포장 박스부터 제품 전체에 녹아 있었습니다. 이는 작은 브랜드가 큰 브랜드를 지향하는 좋은 예입니다. 아무리 작은 브랜드여도, 그 안정감의 끈을 놓지 않아야 기회가 왔을 때 규모의 성장이 빠르고 자연스럽게 이루어집니다.

　　🔾 매거진 〈B〉 57호에서 발뮤다를 다뤘습니다. 여기서 창립자 테라오 겐은 디자인은 형태가 아니고 사고방식이라고 말했습니다. 저는 발뮤다의 참신함이 언제까지 이어질지 궁금했는데, 신제품이 나올 때마다 결국은 주문하게 만드니 정말 대단한 브랜드입니다. 그런데 가장 최근에 출시된 발뮤다 플레이트는 식탁 청소가 두려워서 아직 구입을 망설이고 있습니다.

사람 사는 이야기

브랜드 팬덤은 그 브랜드를 응원하고 싶은 마음에서
생겨납니다. 이 응원은 결국 만드는 사람을 향한
겁니다. 브랜드를 만든 창업자, 그 브랜드를 함께
이루어 온 직원들, 그 브랜드와의 경험을 함께한
소비자들. 그러니 결국 브랜드 이야기는 사람 사는
이야기입니다. 매거진 〈B〉의 많은 분량이 브랜드의 각
분야 종사자의 인터뷰로 채워지는 것도 그래서입니다.
경영도 마찬가지입니다. 저는 일을 해오면서
경영학이란 확고한 하나의 이론이라기보다 여러
사례들의 누적이라고 생각해왔습니다.

브랜드 스토리는 사람에 대한 이야기이자 시대를 관통하는 역사입니다. 저는 21세기의 인문학은 바로 이러한 브랜드 스토리에서 나온다고 주장하고 싶습니다. 결국 모든 비즈니스는 사람에 대한 이야기이고, 이것이 곧 인류 역사의 변곡점마다 등장하는 흥미로운 스토리이기 때문입니다.

내가 직장인이든 사업을 하든 우리의 삶은 1) 브랜드를 운영하거나 2) 브랜드를 소비하는 두 가지 중 하나, 혹은 양쪽 모두에 속해 있습니다. 꼭 자본주의에 속해 있어서가 아니라 그냥 인간의 삶이 그런 겁니다. 다시 말해 '브랜드를 키워서 돈을 벌고 싶은 욕망'이나 '브랜드를 소비하고 싶은 욕망'을 빼면 이 세상을 설명하기 어렵습니다.

어쩌면 브랜드 스토리는 고전을 읽는 것보다 더 쉽고 흥미로운 인문학 공부가 될 수 있습니다.

우리는 브랜드 스토리를 통해 사람들이 뭘 중요하게 생각하는지, 어떤 대상에 끌리는 심리는 무엇인지, 한 사람이 마음을 먹으면 기술로 세상을 어디까지 바꿀 수 있는지 흥미진진하게 공부할 수 있습니다.

　　 ↳ 저는 기술과 인문학의 교차점에 애플이 있다고 선언한 스티브 잡스의 스피치 현장에 있었습니다. 그러고 다음 해에 그가 사망했는데, 이 일은 제게 삶에 대해 다시 생각해보는 계기가 되었습니다.

사람이 모여 브랜드를 움직이고, 또 브랜드가 사람의 삶을 바꿉니다. 애플이 그랬고, 츠타야 서점이 그랬습니다. 이게 바로 21세기에 브랜드가 가진 힘입니다. 결국 우리의 삶은 브랜드로 이루어져 있고, 브랜드를 통해 변화합니다. 다시 말하지만, 브랜드 이야기는 사람 사는 이야기입니다.

자기다움의 아름다움

사회생활을 시작한 뒤로 저는 '아름다움'이 가진
가치에 대해 이야기하는 걸 의식적으로 꺼려왔습니다.
미대 나온 디자이너는 예쁜 걸 좋아할 거라는 편견이
너무 싫었기 때문입니다.

그렇다고 제가 아름다움이 중요하지 않다고 생각하는
게 아닙니다. 아름다움은 그 자체만으로 큰 의미를
가지며 아름다움을 추구하는 건 인간의 본능입니다.

매거진 〈B〉 85호에서 다룬 프랑스의 도자 리빙 브랜드

'아스티에 드 빌라트Astier de Villatte'도 철저하게
아름다움을 추구하다가 브랜드가 된 경우입니다.
만들기도 다루기도 어렵고 가격도 비싼 제품이지만,
사랑받는 브랜드가 되는 데는 문제가 되지 않습니다.

많은 아름다움 중, 특히 타이포그라피는 절대
조형미의 결정체입니다. 잘 만들어진 글자체는
빈틈없는 균형을 가지고 있어서, 이것을 변형할 때는
매우 세심한 조형 감각이 필요합니다. 그래서 저는
디자이너에게 필수적인 조형 감각을 꼽으라고 하면 늘
타이포그라피를 언급합니다.

이러한 미학적 절대성, 혹은 절대적 균형미는 분명
있습니다. 하지만 보이는 사람에게는 보이고, 보이지
않는 사람에게는 안 보입니다. 심미안을 꾸준히
기르면 보이기도 하지만, 아무리 훈련해도 못 보는
사람도 있습니다. 이걸 보는 사람끼리는 느낌으로 쉽게

대화가 가능하지만, 볼 수 있는 사람과 그렇지 못한 사람은 대화가 어렵습니다. 그렇게 모두가 알아보지 못하더라도, 아름다움의 추구는 브랜드를 만드는 과정에서 결정적 차별점이 됩니다.

물론 오직 완벽한 아름다움만이 의미 있는 건 아닐 겁니다. 오히려 완벽하지 않음이 우리 삶 그 자체이며, 그 부족함의 조화가 더 고귀한 아름다움이 되기도 하기 때문입니다. 완벽한 아름다움을 추구하는 것은 그 자체로 고귀하고 의미 있는 일이지만, 모든 소비자가 그걸 바라고 있지는 않다는 것을 받아들여야 합니다.

완벽한 아름다움만큼 자기다움을 그대로 드러내는 게 더 아름다울 때가 많습니다. 그러므로 우리는 '완벽함'과 '자기다움'을 계속 찾아야 합니다.

광화문 D타워, 2015
층수가 매우 많아 보이지만, 세 줄의 창이 한 층을 이루고 있는
게 특징이다. 날카롭고 차가운 느낌의 주변 건물 사이에서
부드럽고 따뜻한 느낌을 주도록 의도했다.

광화문 D타워, 2015
실내에 테라스가 위치하지만 마치 외부 공간에 있는 듯한
느낌이 든다.

사운즈한남, 2018
일반적으로 단독 건물을 지을 넓이의 대지에 건물을 분할해서
지었다. 작은 골목과 내부 광장을 만들어 상가와 도로의
접점을 늘려서 사람들이 자연스럽게 모이도록 만들었다.

사운즈한남, 2018

스틸북스, 2018
사운즈한남의 콘셉트를 위해 중심에는 서점이 꼭 필요하다고
생각했고, 임차인을 구하기 어려워서 직접 운영했다.

스틸북스, 2018

매거진 〈B〉의 독자들에게 대표님에 대한 간단한 소개를 직접 해주세요. 이 인터뷰를 진행하기 전에 어떤 일을 하고 있었는지도 궁금합니다.

여기는 카카오에서 일하는 동안 쓰는 제 집무실인데요. 오늘 출근해서 여기저기서 보내준 책들이 좀 있어요. 책 온 것들을 쭉 보면서 목차들도 훑어보고, 인터뷰 나온 것도 좀 뒤적거리고 있는 중이었어요. 저는 10년 전, 2011년에 매거진 〈B〉를 처음 창간하고 올해까지 10년째 해오고 있는 발행인이기도 하고요. 지금은 카카오에서 공동 대표이사로 카카오의 경영도 맡고 있고, 바쁘게 살고 있는 사람입니다.

10년 전으로 돌아가서 처음 이 잡지를 만들어야겠다고 마음먹은 순간에 대해 이야기를 듣고 싶습니다.

예전에도 그랬고 지금도 그렇고 (저는) 잡지를 엄청 좋아하는 사람이거든요. 잡지에서 다루는 글의 깊이와 호흡이 제일 이상적이라는 생각을 저는 지금도 하고 있고, 예전에는 더 그런 생각을 많이 했어요. 보통 일간지에서 다루는 기사는 너무 짧고, 깊이도 얕을 수밖에 없는 속성을 가지고 있고, 일간지에서 (특집처럼 펴내는) 주말판 같은 경우가 약 일주일 정도의 시간을 들여 읽을 만큼의 양과 깊이를 제공하죠. 잡지는 한 달 정도의 양과 깊이라고 할 수 있고, 단행본은 1~2년, 혹은 수 년의 양과 깊이를 줄 테고요.

사람이 어떤 콘텐츠를 섭취할 때 각 콘텐츠마다의 양과 깊이라는 게 있는데 저는 그렇게 보면 일간지 주말판이나 월간지 정도가 가지고 있는 양과 깊이가 섭취하기 제일 좋은 콘텐츠라는 생각이 있어요. 제가 안타깝게 느낀 점은 집에 잡지가 너무 많은데도, 너무 좋은 콘텐츠가 안에 있는 걸 알고 있는데도 다시 보기가 너무 힘든 거예요. 콘텐츠가 맥락과 큰 관계없이 배열되어 있기 때문에 좋은 기자들이 열심히 편집해서 만든 글이 쉽게 묻힌다는 것에 대한 안타까움이 제일 컸고요. 결국 잡지라는 매체가 살아남는 비결은 광고잖아요. 그러니까 잡지는 어쩔 수 없이, 아주 특별한 잡지가 아니고서는 광의의 개념으로 모두 브랜드를 다루고 있는 거라고 저는 생각 해요.

만든 사람이 구현하는 콘텐츠와 소비하는 사람이 경험하는 콘텐츠의 괴리를 교정하는 것과 아카이빙이 가능한 잡지라는 개념, 이 두 가지를 해결하면 시장에서 잡지를 필요로 할 것이다라는 생각이 있었어요.

〈B〉를 창간하기 직전에 〈모노클〉이라는 잡지를 보고 많은 생각을 했어요. 너무 멋있다, 이런 컨셉으로 잡지를 만들 수도 있구나. 굉장히 많은 잡지들을 봤지만 완성도 높은 잡지를 볼 때만 느끼는 쾌감이라는 게 있었는데 〈모노클〉은 그걸 충족시키면서도 지적이기까지 했습니다. 〈모노클〉을 본다는 건 전 세계에서 가장 괜찮은 테이스트와 안목을 지닌 사람을 의미할 수 있겠다는 느낌을 받았을 때 잡지의 타깃 독자층 자체만으로도 브랜딩이 되는구나라고 봤어요. 그 부분이 굉장히 중요했고요.
이런 아이디어들을 잘 조합하면
뭔가가 나오지 않을까라고
생각했습니다.
많은 사람이 잡지 사업으로
돈을 벌 수 없다라고 말했고,
실제로도 벌기 어려운 건
맞지만 비즈니스적으로 돈을
벌지 못한다면 의미가 없어서
(잡지만으로) 어떻게든 돈은
벌어야 된다라고 봤어요.
많은 분이 (매거진 〈B〉가)
광고를 안 받는 게 돈을 버는
것보다 콘텐츠에 대한 진실성에
더 다가가고 싶은 의지라고
생각하는데, 저는 광고를 받지
않아야 광고주에게 끌려다니지
않고 우리의 관점을 더 뚜렷하게
하고, 미디어적 역할을 더 강하게
가져갈 수 있다는 생각으로
선택한 것이었습니다. 어느
시점을 지나고 나면 우리가
미디어로서 주도할 수 있는 힘을
가질 것이고,

그때부터는 (광고가 없더라도)
비즈니스가 안 될 수 없다라는
거였죠.
그래서 한 권을 완벽하게 브랜드
이야기로만 구성하겠다는
역설적인 개념으로 시작했고,
또 하나, 아카이빙이 가능한
잡지로 서가에 10년 동안 꽂혀
있어도 옛날 책처럼 보이지 않는
신선함을 갖도록 했습니다.

광고를 받지 않고 책을 판매하는
것만으로 수익을 내야 하니
한국 시장만으로는 너무 작아
처음부터 무리해서 영문판
발행도 시작했고요. 이것들이
매거진 〈B〉의 시작에서 중요한
테마였던 것 같아요.

**만약에 지금의 이 경험을 가지고 그때
당시로 돌아간다면 똑같은 결정을
하게 될까요?**
솔직히 말하면, 만약 지금의
과정을 알았더라면 못했을 것

같아요. 저는 그래도 좀 더 많이 팔릴 것이라는 생각을 했었고요. (웃음) 생각보다 제작비도 많이 들어가는 편이었고, 판매 부수도 잡지 중에서는 꽤 잘 팔리는 편임에도 불구하고 손익 분기점을 넘는 정도까지 파는 건 쉽지 않더라고요. 이런 비즈니스 구조를 미리 알았더라면 뛰어들기는 쉽지 않았을 것 같아요.
그래도 (시작)했으니까 더 가자 더 가자 더 가자를 매년 반복하다가 여기까지 온 거죠.

이 정도는 충분히 다시 할 수 있다는 생각은 들지 않는 것이, (그동안) 투자도, 마음고생도 많이 했던 것 같아요.

10년간 애정을 가지고 매거진 〈B〉를 보는 독자들이 있는데, 발행인으로서 매거진 〈B〉가 왜 사랑받는다고 생각하나요?

저는 매거진 〈B〉라고 하는 시각. 〈B〉의 관점이 브랜딩이 됐다고 보거든요.

〈B〉가 어떤 브랜드 하나를 조명했다는 것만으로 (그 브랜드가) 아마 괜찮을 거야. 나도 궁금해야 할 것 같아라는 기준이 생겼다는 거죠. 저는 그게 미디어 본연의 기능이라고 생각하거든요. 어떤 미디어가 어떤 대상을 콕 집어 관심 있게 본다는 건 굉장히 주관적인 행동이거든요. 누가 시켜서 하는 게 아니라 우리 미디어는 이게 궁금하다라고 정한 거고 궁금한 걸 살펴보고 독자들에게 알려주는 역할이 미디어가 가지고 있는 순기능인데, 미디어의 시선을 따라 나도 한번 이렇게 고개를 돌려보는 스탠더드를 만드는 행위가 10년이 쌓인 거죠. 그렇다 보니 매거진 〈B〉가

주목했다는 건 예전에 내가 싫어했거나 관심이 없었어도 (매거진 〈B〉가 다루면) 뭔가 이유가 있겠지 하는 그 대목이 만들어진 게 저는 되게 중요한 거라고 봐요.

그래서 예전에는 내가 좋아하는 이슈를 산다라는 말이 많았거든요. 예를 들어 내가 샤넬 가방은 못 사지만 만 몇천 원에 샤넬 편 매거진 〈B〉 한 권을 사서 잘 읽고 소장하는 것만으로도 샤넬을 가진 것과 비슷한 애착을 느낀다. 포르쉐는 못 사지만 포르쉐 편을 여러 번 읽으면서 꿈을 꾼다라는 게 있었는데, 최근엔 좀 다른 시선의 피드백을 들었어요. 평소에 좀 관심 없던 또 심지어는 좀 부정적으로 봤던 그런 브랜드도 궁금해서 읽게 되더라. 그런 이야기가 저는 되게 좋은 것 같아요. 그런 면에서 매거진 〈B〉의 관점이 브랜딩이

되지 않았나라는 생각이 들어요.

지금으로부터 10년 뒤의 매거진 〈B〉는 어떤 모습일까요?
지금 같은 형태의 잡지 형태를 계속 유지하면 좋겠다는 생각이 있고요. 바라건대 꼭 잡지로써라기보다는 매거진 〈B〉가 이렇게 봤대, 이렇게 생각한대, 매거진 〈B〉가 이것에 애정이 많대라고 하는, 일종의 인성적인 면이 많이 보여졌으면 좋겠다는 생각은 있어요. 객관적 관찰자로서 조금 더 역할했으면 좋겠고, 그게 저의 욕망이라기보다는 〈B〉를 만드는 사람들, 좋아하는 사람들의 행복감을 위해 그런 거라고 생각하거든요.

만드는 사람들이 그 길로 조금씩 가야 더 행복감을 느낄 거라고 생각하고, 또 우리 팬들도 매거진 〈B〉가 그렇게 해주기를 바랄

거라고 생각해요. 빨리 가지는 못해도 10년 뒤라고 얘기를 했으니까 조금 더 우리가 하고 싶은 것을 더 할 수 있는 자유를 가지는 것?

매거진 〈B〉의 사회적 역할이 중요한 것도 맞지만 제게 중요한 관심사는 매거진 〈B〉를 만드는, 이 회사 안에 있는 사람들의 행복이거든요. 그게 지속 가능해야 하기 때문에 얘기한 방향으로 변해야 한다고 생각해요.

개인들이 가지고 있는 관심사가 조금 더 펼쳐져야 매거진 〈B〉도 행복해질 거라는 생각인 거죠.

매거진 〈B〉 발행인의 입장에서 브랜드라는 걸 어떻게 바라보고 있는지도 궁금합니다.
사실 이런 질문을 받을 때마다 일관되게 말했던 건데요, 저는

가면 갈수록 더 그런 느낌이 많이 드는 게 (브랜드는) 사람이라고 생각해요. 더더욱 그런 느낌이 강하게 들어요.

사람이라는 건 우리가 아무리 쌍둥이이어도 똑같은 사람이 없는 것처럼, 그 개별성이라는 것에는 옳고 그름이 존재하지 않거든요. 사실은 옳다 그르다가 아니라, 정이 간다, 매력이 있다, 또 보고 싶다, 정말 좋아하는 것 같다, 비호감이다, 싫다, 경멸한다 같은 감정인 거죠.

그러니까 이 단계는 규칙을 지키고 안 지키고의 상황은 아닌 거예요. 브랜드 빌딩을 한다고 할 때 대체로는 브랜드에 대한 어떤 미션이나 사명을 써놓고 그에 따라서 척척 움직이는 것에 대한 것들을 브랜드 컨설팅 회사에서 (대신) 해주잖아요. 저는 그 말을 잘 믿지 않아요. 그래서

저는 사람에 대해서도 퍼스널 아이덴티티를 컨설팅해준다 이런 것도 잘 믿지 않는 게 아무리 세팅을 한다 해도 어느 순간에 자기 본성이 나오기 때문에 그게 더 이상해 보일 수도 있거든요. 스스로를 수련하고 좋은 사람과 어울리면서 실제로 나 자신이 좋은 사람이 되어야지 내가 대하는 일도 그렇게 보이지 않을까? 그래서 어떻게 보면 (브랜드도) 어떤 사람이 살아온 운명 같다고 할 수 있어요.

개인의 세계와 매거진 〈B〉라는 브랜드의 세계가 통하는 지점이 있다면 무엇일까요?
호기심일 수도 있고요. 사람에 대한 궁금함, 궁금증? 저는 제가 어떤 브랜드나 사람을 좋아하면 알고 싶은 욕망이 되게 많은 사람이거든요. 어떤 제품을 사도 많이 궁금해해요. 어떻게 만들어진 건지, 왜 지금 사람들이 구하고 싶어 하는지가 궁금하거든요.
없어지면 왜 없어졌는지도 궁금하고. 사람에 대해서도 똑같은 관점을 가지고 있어요. 누가 너무 멋있어 보이면 왜 멋있는 거지. 왜 이렇게 매력이 넘치지. 그러면서 그 사람의 인터뷰나 이런 것들을 쭉 보다 보면 아, 이런 이유가 있구나, 이 브랜드가 이렇게 만들어진 거였구나. 호기심과 관심이 생기는거죠. 좋은 브랜드는 이런 이야기가 끝도 없이 서로 오가는 거거든요.

어떤 브랜드를 만든 사람의 삶 속에는 그것이 식당이라면 식재료 하나부터 식기 하나까지 이야기가 끊이지 않고, 제품을 만드는 곳이라면 그쪽 세계에서의 재료 하나, 공법 하나만 가지고도 이야기가 끝나지 않고요.

그런 집요한 관심 그리고 다른 사람들이 괜찮다니까 괜찮은 거지라고 넘어가지 않는, 내가 이해해야지 좋아지는 그런 마음 그런 것들이 공통점일 것 같아요.

브랜드를 창립하고 이끌어온 본인 스스로를 어떤 사람이라고 생각하나요?
저는 대충 사는 것을 되게 억울해하는 사람이라고 해야 하나? 이왕 할 거면 잘하자 그런 주의인데, 그런 것들이 저를 지금으로 이끌었던 게 아닌가 해요.

많은 분이 제게 어떻게 계획하고 사냐라는 질문을 많이 하는데 사실 저는 그렇게 계획적인 사람은 아니거든요.

매사에 대충하기는 싫어하고, 제가 저를 객관적으로 보려고 노력하다 보면 그런 하루하루가 모아져 돌아보니 나의 캐릭터가 생겼다는 생각이 이제서야 조금 드는 것 같아요.

과거를 뒤돌아보면 하나도 내가 예상했던 대로 갔던 적은 없거든요. 그냥 그날그날 부끄럽지 않게 살아야지라고 했던 삶들의 누적인 건 아닐까? 매거진 〈B〉도 그랬던 것 같고요.

마지막 질문입니다. 매거진 〈B〉라는 브랜드를 이끌어오면서 어떤 조언이나 혹은 어떤 질문이 가장 큰 영향을 미치게 됐는지요?
저 스스로 질문을 많이 했던 건데, 지금도 계속하는 질문이에요. "돈 많이 벌면 뭐 하고 싶어?"라는 질문을 저한테 계속하거든요. 진짜 돈 많이 벌면, 말도 안 되게 많이 벌면 그럼 뭐 할 거야? 계속 그 질문을 저 스스로에게 해요. 예전에 JOH를 창업할 때도 그

질문을 여러 번 반복하다가
그러면 지금 하고 싶은 걸 해야지
해서 한 게 매거진 〈B〉였고, 또
그래서 가방도 만들고, 식당도
만든 거고요.
지금도 정말 돈 많이 벌면 뭐
할 거야?라고 하는 것의 상을
잡으려고 노력을 많이 하고.
(그렇게 찾아낸 것을) 미루지
않고 지금 해야겠다라고
판단하는 편이에요.

누군가는 내일 죽는다면
오늘 뭐 할 거야?, 다음 달에
죽는다면 지금 뭐 할 거야? 라는
질문을 하는데, 사실 그건 너무
극단적이고 상상이 잘 안돼서.
얼마 못 산다는데 너 뭐 하고
싶냐고 물으면 다 필요 없고,
그냥 사랑하는 가족들이랑
있어야겠다고 생각할 거잖아요.
반면 돈이 진짜 많으면 뭐 할
거야?라고 하면 되게 곰곰이
생각해보게 되거든요. 지금도

그 질문을 계속하는 중이고,
그 질문에 대한 첫 번째 답이
잡지였어요. 진짜 돈이 많다면
잡지를 하나 해보고 싶다, 그런
마음이 있었는데 실제로 돈이
많지도 않았으면서 한 거예요.
(웃음) 그랬더니 지금 이
인터뷰를 하는 순간이 온 거죠.

나로서 살아가는 나

마음가짐

공감 능력이나 오너십, 일을 잘하기 위한 태도. 이
모든 것들의 바탕에는 '마음가짐'이 있습니다. 만일
우리에게 스스로를 존중하는 마음가짐이 있다면,
이렇게 생각할 것입니다.

1. 내가 맡은 모든 일은 중요하다.

2. 타인의 의견은 나를 향한 공격이 아니다.

3. 나는 보상에 일희일비하는 사람이 아니다.

첫 번째 이야기부터 해볼까요? 제가 직원을 평가할

때 가장 중요시하는 것은 '작은 일에도 충분한 의미를
부여하는지'입니다. 이런 태도가 그 직원이 가진
마음가짐을 보여주기 때문입니다. 어떤 일을 맡든
자신의 역할을 가볍게 보지 않는 태도입니다.

'사소한 일도 잘하는지'를 평가하는 게 아닙니다.
잘하고 못하고 이전에, 그가 일에 대해 가지는
마음가짐을 보는 겁니다. 주변의 눈치를 보지 않고 더
잘해내려는 마음가짐 말입니다. 다 같이 먹을 간식을
사오는 일이나 회식 자리를 예약하는 사소한 일도
마음을 담아 잘하려 하면 끝이 없습니다. 그 정도의
사소한 일도 프로젝트처럼 대할 수 있어야 합니다.

일의 귀천을 따지기 시작할 때, 자기 역할에 대한
콤플렉스로 이어집니다. 왜 나한테 이런 사소한 일을
맡겼을까? 사람들이 나를 무시하나? 나는 이렇게
하찮은 일만 하는 사람인가? 이런 마음에 빠지게 되면

자기 일을 가볍게 여기고, 결국 자신을 가볍게 여기게 됩니다. 그렇게 가볍게 일을 하면, 모든 일이 점점 의미 없게 느껴져서, 결국 회사에서 의미 없는 사람이 되기 쉽습니다.

그렇다면, 그런 사람을 어떻게 알아볼 수 있을까요? 방법은 너무 많지만, 사소한 것만 봐도 알 수가 있습니다. 한 예를 들어 마음가짐이 다른 직원은 이력서부터 다릅니다. 형식이 갖춰져 있는 기본 이력서라고 해도, 아주 작은 디테일에 차이가 있습니다. 홈페이지에서 다운로드 받은 양식에 붙인 자기소개 글의 맞춤법도 틀리게 제출하는 사람이 있는가 하면, 폰트 하나를 써도 더 가독성 있도록 크기와 간격을 신경 쓰는 사람이 있습니다. 라인 하나, 따옴표나 쉼표를 넣는 정성도 다릅니다.

태도는 이처럼 미묘한 차이입니다. 하지만 그 미묘한

차이가 나를 만듭니다. 작은 일에도 최선을 다 하는 게 바로 긍정적으로 일하는 태도입니다. 긍정적인 태도를 가진 사람이 모이면, 불필요한 감정싸움을 하지 않는 조직이 됩니다. 일을 잘하는 것보다 우선시 되어야 할 것이 '긍정적 태도'인 이유입니다.

직업의 벽

두 번째 마음가짐은, 타인의 의견을 공격으로
받아들이지 않아야 한다는 겁니다. 이건 '협업'할
때 가장 중요한 마음가짐입니다. 타인의 의견을
스펀지처럼 흡수할 수 있어야 하고, 내 의견과
일치하지 않더라도 더 나은 의견을 지지할 줄 알아야
합니다. 그게 협업과 소통의 기본입니다.

저는 어떤 조직에서든 전공에 따라 직무를
구분하지 않으려 했습니다. 네이버 재직 시에는
마케터, 디자이너, 개발자가 한데 모인 브랜드 경험

디자인BXD팀을 만들었고, JOH에서도 직무에 따라 팀을 나누지 않았습니다. JOH는 디렉터 단위로 조직이 움직였습니다. 직무가 아닌 프로젝트를 따른 것이죠.

이렇게 직무를 넘나드는 협업이 일상이 되어야 합니다. 디자이너가 마케팅 의견을 낸다고 해서 디자이너가 마케터의 업무 영역을 침범한 것으로 받아들이지 않아야 합니다. 그래야 서로 공격성 없이, 의견을 자유롭게 말할 수 있습니다.

가끔 동료가 의견을 낼 때 듣지 않고 속으로 다른 생각을 하는 사람이 있는데, 그런 사람에게서는 일종의 콤플렉스가 느껴집니다. 다른 의견을 내는 동료가 자신을 무시한다고 생각하는 거죠.

어떤 의견이든 순수하게 받아들여야 합니다. 내 의견에 누군가 반대해도 '내가 생각해도 좀 별로네' 하면서

홀홀 털어버리는 거죠. 그게 잘 안 될 때 '난 이것밖에
안 되는 실력 없는 사람'이라며 깊은 자괴감에
빠지게 됩니다. 이렇게 자신을 하찮게 여기는 마음은
피해의식으로 이어집니다. 이런 사람은 의미 있는
의견을 내는 대신 자기 영역을 지키기 위한 공격과
방어로 매사를 허비하기 쉽습니다.

자신의 가치를 확신하지 못하는 사람을 도울 방법은
물론 있습니다. 그가 얼마나 필요한 사람인지, 그의
순수하고 선한 의지를 얼마나 존중하고 지지하는지
표현하는 겁니다. 살면서 나를 그렇게 지지하고
존중하는 사람을 만났다면 그것이야말로 진정한
축복이겠죠. 그러므로 반대로 내가 누군가를 그렇게
지지하고 존중할 수 있다면 나는 그에게 진정 의미
있는 존재가 될 것입니다.

하지만 존중이란 '척'으로 완성될 수 없습니다. 자녀를

키울 때도 마찬가지입니다. 저희 어머니가 저를 '믿는 척'하지 않았던 것처럼요. 저 역시 아이들에게 도움이 필요할 때면, 조언 대신 그저 그 나이대에 제가 겪은 경험을 말해주고, 판단하게 하고, 그 판단을 진심으로 지지했습니다.

'요구 없는 존중', '척하지 않는 존중'이어야 합니다. JOH를 운영하면서는 각 팀의 디렉터들에게 최대한의 권한을 주려고 했습니다. 그 영향으로 지금도 매거진 〈B〉는 디렉터의 손으로 편집부터 발행까지 끝마치고, 저는 출판된 완성본만 손에 받아 듭니다.

ㄴ 하지만 표지만큼은 창간호부터 지금까지 제가 직접 챙깁니다. 여러가지 이유가 있긴 하지만 그 무엇보다 표지 선정 작업을 순수하게 좋아해서 그렇습니다.

물론 이렇게 맡긴 모든 결과물이 늘 제 마음에 쏙 드는 건 아닙니다. 실망할 때도 있죠. 하지만 가능한

이 구조를 바꾸고 싶지 않습니다. 존중과 신뢰야말로

자존감 있는 조직을 만들기 위한 기본이기 때문입니다.

시작과 끝, 그리고 시작

피해의식 없이 일하는 태도는 어떻게 만들어질까요?
대체로 첫 조직 경험에서 앞으로의 태도가 결정됩니다.
첫 회사가 중요한 이유는 무엇을 배우기 때문이
아니라, 회사란 어떤 곳인지 인식의 프레임이 결정되기
때문입니다.

뒷담화가 넘치는 조직, 상사들이 이 팀 저 팀을 뒤에서
비난하고 부정적인 기운을 퍼뜨리는 조직, 처음부터
이런 조직에 몸담은 사람은 '아, 회사란 이렇게나
부정적인 곳이구나'라는 생각이 자기도 모르는 사이에

잠재의식 속에 각인됩니다.

반면 어떤 회사는 팀원도 적고, 규모도 작지만 서로
돕고 지지하는 문화가 있습니다. 동료의 일을 내
일처럼 돕고, 의견도 자유롭게 나눕니다. 첫 직장으로
이런 회사를 다닌 사람은 '회사란 좋은 사람들이
모여서 시너지를 내는 곳이구나'라고 여기게 될
겁니다. 그러면 자연스레 앞으로의 조직에서도 이
같은 선량한 문화를 기대하게 되겠죠. 선량한 사람과
긍정적인 분위기에서 일해본 사람은 그런 마인드로
사회생활을 시작합니다.

그래서 저는 첫 회사로 작은 조직, 존경할 만한
오너를 가깝게 접할 수 있는 조직을 추천합니다.
현실적으로 대부분의 사람은 처음부터 안정적이고
급여가 높은 대기업에 입사하기를 원하지만, 대기업의
말단 사원으로 일을 시작하면, 일반적으로 그런

좋은 경험을 쌓기가 어렵습니다. 권위적인 조직 체계 탓에 저열한 정치 싸움에 에너지를 뺏기게 될 때가 많습니다. 그럼 회사에 '좋은 사람들이 함께 일하는 따뜻한 공간'이라는 인상을 갖기는커녕, '줄 서는 게 중요한 파워 게임의 장'이라고 인식하게 됩니다.

그렇다면 조직 내의 의미 없는 정치 싸움과 부정적인 문화는 왜 생기는 걸까요? 일의 과정이 아니라, 보상에 연연할수록 부정적인 문화가 곰팡이처럼 퍼집니다. 내 자리를 빼앗기지 않기 위해, 내 성과를 빼앗기지 않기 위해, 더 높은 지위를 얻기 위해, 동료를 공격하고 타인의 의견을 무시하게 됩니다.

반면, 스스로 단단한 사람은 보상에 일희일비하지 않습니다. 결과보다 일을 하는 과정에서 내 마음 상태가 어떠한지 점검합니다. 가령, 아무리 타당한 말을 해도 들으려 하지 않는 상사를 상대하다가

'내가 이렇게까지 해야 하나?'라는 의문이 들고, 그게
반복된다면 과감히 그 일을 그만둘 수 있어야 합니다.

저는 일을 할 때 늘 둘 중 하나였습니다.
클라이언트(오너)를 끝까지 설득해서 그 일을
성공시키거나, 끝까지 설득해보고 안 통하면
그만두었죠. '어떤 경우에도 내 영혼을 갉아먹지는
않는다'라는 태도를 견지했습니다. 그만큼 제 내면의
목소리에 귀를 기울였습니다.

결국 마음가짐은 사회생활의 첫 시작을 통해 형성되고
일의 마지막까지 함께합니다. 제가 일을 하면서
선택해온 결정들은 '내가 나로서 살아가기 위한'
것이었습니다. 나답지 않게 일해야 했을 때 조직에서
나왔고, 나다운 일을 하기 위해 JOH를 시작했습니다.

저는 지금도 '나는 어떻게 일하고 싶으며, 무엇을

본질이라고 생각하는지' 고민하며 삽니다. 세상은 원래 다 그런 거라고 사람들이 이야기해도, 제가 믿는 것을 지키려고 노력합니다.

세상의 많은 브랜드는 누군가가 자기 자신으로 존재하기 위해 노력한 결과입니다. 또 그게 바로 일의 본질입니다. 나를 증명하기 위해 일하고, 나의 신념을 퍼뜨리기 위해 일해야 합니다. 그렇게 오래도록 더 일해보려고 합니다.

EPISODE

조수용 대표를 2008년부터 알았으니 이제 16년째다. 네이버에서 일할 때, 디자인은 물론, 광고와 마케팅까지 총괄하는 그를 존경하는 마음으로 바라보았다. 디자이너가 다양한 영역에서 활약할 수 있다는 것을 손수 보여준 사람이었다. 당시만 해도 디자인 파트는 마케팅의 하위 조직인 경우가 많았는데, 그는 디자인과 마케팅을 통합하는 수장 역할을 맡은 것이다. 이 일을 계기로 디자이너의 역할에 대한 인식이 바뀌었고, 기획과 콘셉트를 비롯해 크리에이티브 영역 전반에서 디자이너의 영향력이 생겨났다.

나 또한 인테리어를 전공하고 웹디자이너로 사회생활을 했지만, 지금은 '경영하는 디자이너'로서 일하고 있다. 창업을 한 뒤로는 내가 디자이너로서 광고도 하고, 마케팅도 직접 한다고 투자자들에게 말해도 아무도 전문성과 능력을 의심하지 않았다. 조수용 대표가 좋은 선례를 남겼기 때문이다.

조수용 대표는 네이버 최고 임원, 카카오 대표 등 디자이너가 사회적으로 오를 수 있는 최고의 자리를 두루 거치며, 디자인과 비즈니스 영역에서 후배 디자이너들에게 갈 길을 보여준 롤모델이다. "예술이 산업에 준 가장 큰 선물이 디자인"이라는 말에 진정 어울리는 사람이라고 생각한다. 그린팩토리, 그린윈도우를 기획하며 네이버에서 활약했고, 독립해서는 매거진 〈B〉와 사운즈한남 등 다양한 프로젝트를 성공적으로 론칭해서, 디자이너가 기존 역할에서 벗어나 비즈니스를 리드할 수 있다는 걸 입증했다. '일의 감각'을 키우는 노하우가 가득 담긴 이 책을 디자이너는 물론 모든 크리에이터에게 필독서로 추천하는 이유다. 그의 앞으로의 활동이 더욱 기대된다.

— 김봉진 · 그란데클럽코리아 의장, 전 우아한형제들 창업자

마케터로 커리어를 시작해 브랜딩을 업으로 삼고 일한 지 벌써 20년이 훌쩍 넘었다. 어느새 나는 여러 브랜드의 브랜딩을 총괄하는 디렉터로 성장했다.

고백건대, 조수용 대표는 브랜딩에 대한 생각과 철학에 가장 큰 영향을 준 사람이다. 나는 그에게서 브랜딩, 아니 조금 더 정확한 표현으로는 브랜딩에 대한 태도와 감각을 배웠다고 해도 과언이 아니다.

네이버 시절, 브랜드에 대해 그와 나눈 대화들이 기억 나는데, 그중 가장 기억에 남는 것은 '업의 본질'과 '그릇'에 대한 이야기다. 어떻게 이익을 만들어야 하는지보다 '우리가 이 일을 왜 하는지' 업의 본질을 묻는 브랜딩 태도, 그리고 시장에서 어떤 위치를 점유해야 하는지보다 '어떤 가치를 담아내는 그릇이 되어야 하는지' 고민하는 플랫폼적 사고가 그 대화의 핵심이었다. 나는 그 철학을 바탕으로 삼아 브랜딩에 대한 생각을 정의하고, 나만의 감각을 키울 수 있었다.

《일의 감각》을 읽으니 다시 그때의 마음가짐으로 돌아가는 기분이다. 이 책은 그간 잊고 있었던 것들, 그러나 여전히 다시 생각하고 고민해야 하는 내용들로 가득하다. 진심으로 일을 대하는 많은 분이 읽어 보면 큰 도움이 될 것이라 확신한다. 오래전 나처럼 말이다.

— 전우성 · 브랜딩 디렉터, 시싸이드시티 대표

나는 2006년 3월 네이버에 입사했다. 항상 유니크한 디자인을 추구하는 안그라픽스에서 일하다 큰 기업에서 디자인 업무를 하자니 조금 생소하고 어색했다.

입사 직후 당시 조수용 센터장은 네이버 브랜드의 대표 이미지를 새롭게 만드는 프로젝트를 띄웠고, 내가 속한 전략 디자인팀에서 그린윈도우를 만들고 발표했다. 그린윈도우는 고객이 네이버 브랜드를 경험하는 접점 역할을 톡톡히 했고, 이 경험을 통해 나는 하나의 브랜드가 일관된 경험을 제공하는 일이 얼마나 중요한지 알게 되었다. 이후 우리 팀의 이름은 BX(Brand eXperience) 디자인팀으로 정해졌는데, 이게 오늘날 업계에서 '브랜드 경험 디자인'이라 불리는 용어의 시작이다.

다양한 분야의 디자이너들이 전공 관계없이 시너지를 내며 오직 브랜드라는 하나의 목표를 두고 고민하는 경험은, 디자인 전공 안에서도 세부 전공으로 나뉘고 사회에 나가서도 늘 구분되어 일했던 당시에 아주 새롭고 놀라운 일이었다. 역량

있는 디자이너들이 모여도 그 가치를 이해하고 담을 수 있는 판을
만드는 리더가 없으면 무용지물인데, 조수용 대표가 있었기에
그게 가능했다.

그는 사람에 공감하고 일을 구조화하고 기회를 만드는 데 탁월한
능력을 가진 리더다. 그 덕분에 엄청난 시너지를 낼 수 있는
환경이 만들어졌고, 네이버는 상징적인 프로젝트들로 업계에 큰
영향을 미쳤다. 나는 그 경험을 바탕으로 여러 브랜드의 통합적인
브랜드 경험을 만드는 PlusX라는 회사를 동료들과 함께
창업했다.

그저 감각적인 디자인에서 브랜드다움을 담는 디자인으로
관점을 바꾼 소중한 경험, 그리고 동료들이 모일 수 있는 계기를
만들어준 조수용 대표께 감사 말씀을 드린다.

― 신명섭 · 플러스엑스 공동창업자

돌아보면 나는 운이 좋았다. 존경할 만한 상사와 가깝게 일하는, 한 번 하기도 어려운 경험을 여러 번 하고 있으니까. 내가 입사한 2007년부터 조수용 대표가 퇴사한 2010년까지 네이버의 크리에이티브 조직은 마케터와 디자이너가 서로의 영역을 넘나들며 치열하게 설득하고 의견을 냈다. 오너처럼 진심을 다해 고민하는 동료들과 함께 어깨를 맞대고 고되지만 신나게 일했다. 이제 지나서 보니, 오너처럼 고민하며 일하는 게 결국 나를 위한 거였다. 일에 대해 배워야 할 모든 것을 다 여기서 배웠다.

조수용 대표와 일하며 이런 태도를 몸에 익히게 된 것은 커다란 축복이었다. 일에서 의미를 찾고 싶은 많은 분의 손에 이 책을 쥐어주며 내가 받았던 행운을 나누고 싶다.

— 장인성 · 스테이폴리오 대표이사, 전 우아한형제들 CBO

카카오에서 조수용 대표와 '사장의 일'을 4년 동안 함께했다.
2000년부터 그를 알고 지내왔지만 나는 단 한번도 그를
'디자이너'로 정의한 적이 없다. 오히려 동료들이 그저 '디자인'에
대한 고민을 해결하기 위해 그를 찾는 게 이상할 정도였다.

그는 모바일 서비스부터 건축물에 이르기까지 무척 다양한
영역에서 일했지만, 그의 일에는 늘 일관된 관점이 있었다. 그
조수용의 관점이 이번에 《일의 감각》이라는 한 권의 책으로
정리되었다.

2019년 10월 말 아침, 카카오는 연예 기사의 댓글과 실시간
검색어 폐지를 발표했다. 본질을 파고드는 그의 관점이 빛을 발한
의사 결정의 순간이었다. 연예 기사 댓글과 실시간 검색어에는
순기능이 있었지만, 그 본질이 왜곡되어 사회적 흉기로 작용하는
사례가 너무 많았다. 서비스적인 대처 방안에 대한 긴 논의가
있었으나 일을 대하는 그의 관점이 전면 폐지라는 결정으로
수렴하도록 힘을 발휘했다. 뉴스 댓글과 실시간 검색어의 '본질적

역할'을 원점에서 다시 보는 통찰력이었다. 그날 이후, 카카오와 다음은 물론 네이버에서도 연예 기사 댓글이 사라졌고, 실시간 검색어도 사실상 폐지되며 대한민국이 더 나은 방향으로 한 걸음 나아갔다.

— 여민수 · 전 카카오 공동대표

그가 책을 쓴다는 소식을 듣고 너무 기뻤다. 카카오에서 4년을 같이 일하며 관찰한 조수용 대표는 누구보다도 일에 진심인 사람이었기 때문이다.

그는 늘 '이 일은 왜 하는 거예요? 안 하면 어떻게 되죠? 전달하고 싶은 게 무엇인가요?' 같은 근본적인 질문을 던지는 사람이었다. 항상 뭔가 더하기보다 빼는 것을 좋아했고, 꾸미는 것보다 '본질'을 중요하게 여기는 사람이었다. 또 주어진 문제가 아니라, 풀어야 할 문제를 찾아 하나씩 해결하는 모습에는 배울 점이 많았다. 무엇보다 그와 함께 일한 기간 동안 '일은 정말로 즐거운 것'이라는 나의 믿음을 지킬 수 있어서 좋았다.

《일의 감각》은 일을 대하는 마음가짐에 대한 책이다. 개인적으로 아마 이럴 것이라 추정하고는 했던 조수용의 머릿속 생각을 그의 문장으로 확인하며, 같이 했던 일을 복기하듯 떠올릴 수 있어서 즐거웠다. 이 책을 읽는 독자들도 '일'이라는 것을 어떻게 바라보아야 할까, '감각적인 사람'이란 어떻게 일하는

사람일까에 대해 함께 되짚어보는 좋은 기회가 되었으면 하는
바램이다.

— 김형석 · 다이버시티 대표, 전 카카오 전략실장

언젠가 레스토랑 '세컨드키친'의 이야기가 화제여서 시간을 내 그곳을 찾은 적이 있다. 고민의 흔적이 뚜렷한 메뉴와 인테리어는 물론, 고정 가격으로 다양한 와인 중에 취향에 맞는 놈을 골라 먹게 한 컨셉이 무척 인상적이었다. 데이트하기에도 좋고 비즈니스하기에도 좋은 이 멋진 공간을 만든 사람이 누구일까 수소문해 보니 바로 조수용이란 사람이었다. 마침 차별화에 관한 책을 준비하느라 매거진 〈B〉를 탐독하고 있었는데, 이 '어마무시'한 잡지를 만든 이도 조수용이었다.

이 일을 계기로 그를 만나서 이야기를 나누어 보니, 그는 내가 만나본 디자이너 — 마케터 중에서도 고수 중의 고수였다. 그런 그가 예전에 내 책 《모든 비즈니스는 브랜딩이다》를 전 직원에게 필독서로 돌렸었다는 거다. 그 뒤로는 강의를 쫓아다니며 그를 어르고 달래고 꼬셔서 함께 책을 썼다. 그런데 조수용은 원고가 완성되었는데도 제목이 마음에 들지 않는다고 두세 달을 더 끌었다. '차별'이란 단어를 쓰지 않고 책 제목을 짓고 싶다는 것이었다. 결국 책은 '나음보다 다름'이란 제목으로 출판되었고,

시장에서 좋은 반응을 얻었다.

한마디로 뭘 하나 해도 제대로 하는 친구였다. 몇 년 전 그에게
꼭 책을 쓰라고 권한 적이 있는데, 이제 그가 보내온 원고를 읽어
보니 클라이언트가 있는 일에 주인의식을 가지는 법부터 현실적
문제 해결법까지 다 까발려 놓은 내용이었다. 그를 좋아하는
분들이 세 번 이상 곱씹어 읽으면 아주 큰 보탬이 될 것이다.

— 홍성태 · 한양대학교 경영대학 명예교수

2005년 조수용 센터장이 채용한 신입 디자이너로 시작된
인연은 네이버와 JOH, 카카오와 현재의 비미디어컴퍼니까지
이어지고 있다. 전 국민이 사용하는 IT 서비스를 이끌 때도,
독립 잡지의 발행인으로서 미디어를 논할 때도, 부동산 개발
현장에서 수익률과 사용자 경험이 교차되는 순간에도, 그는
언제나 지금 하는 일의 본질이 무엇인지 묻고, 더 나은 결정을
내리기 위해 고심하며, 자신다운 삶에서 실마리를 찾았다. 오랜
시간 그 가까이에서 '일의 감각'을 지켜보며 배울 수 있었던 건 큰
행운이자 영광이었다.

2011년 봄 JOH가 시작될 즈음 조수용 대표는 에디터와
건축가, 디자이너와 엔지니어로 구성된 창립 멤버를 불러놓고
'디렉터'라는 직함을 제안했다. 자신의 전문 분야에 갇히지
말고 오너의 관점으로 보기를, 본질에 부합하는 최선의 결정을
내리기를, 스스로 방향을 정하고 담대히 나아가기를 바라는
철학이 반영된 직함이었다. 나는 이 장면이 조수용이라는 사람과
JOH라는 회사를 가장 잘 보여주는 대목이라고 생각한다. 그

뒤로 그는 정말 많은 결정을 디렉터들에게 일임했다.

'이렇게 중요한 결정을 내가 해도 되는 걸까' 하는 순간을 거듭 맞으며, 우리는 '스스로 결정하는 사람'이 되기 위해 고군분투의 시간을 보냈다. JOH가 만든 매거진 〈B〉와 에드백, 일호식과 세컨드키친, 광화문 D타워와 네스트호텔, 사운즈한남과 스틸북스는 모두 '디렉터'라는 이름을 부여한 데서 시작되었다. 이제 그들은 한 사람 한 사람 일의 오너가 되지 않았다면 이룰 수 없었을 경험을 바탕으로, 진짜 디렉터가 되어 각자의 길을 걷고 있다. 이 지면을 빌려 디렉터들을 믿고 기다려 준, '처음부터 진짜 디렉터'였던 그에게 깊은 감사를 표하고 싶다.

— 김명수 · 비미디어컴퍼니 대표이사, 전 JOH 디렉터

10년 넘게 저자와 같은 조직에서 일했기에, 만나는 사람들에게 '그가 어떤 사람인지' 질문을 받을 때가 많았다. 매번 적확한 표현을 고심하며 어렵게 대답했는데, 그때마다 나는 '이상과 현실 사이의 절묘한 균형 감각'을 말하곤 했다. 네이버에서 좋아하는 일을 하며 월급을 받는걸 신기하게 느낀 것도, JOH에서의 경험은 돈과 바꿀 수 없다고 생각한 것도, 다 절묘한 '균형의 설계자'가 있었기 때문일 것이다.

감각과 안정감, 섬세함과 대범함, 해야 하는 것과 하지 말아야 하는 결정에 관해 이토록 쉽고 편안한 언어로 이야기할 수 있는 것은, 이 책이 저자의 경험대로 진실하게 쓰인 책이기 때문일 것이다. 일의 감각으로 삶의 소신을 증명하자는 저자의 메시지를, 이 시대의 일하는 사람 모두에게 추천하고 싶다.

— 김형우·클레이 대표이사, 전 JOH 디렉터

마무리하며

지난 2년간, 쌓인 생각의 조각들을 문장으로 만들고
지우기를 무수히 반복했습니다. 그 시간이 때로는
고통스러웠지만, 지난 삶과 주변을 돌아보게 된 소중한
시간이었습니다. 읽을 때마다 매번 부족함이 보여 끝마칠 수
없을 것만 같았지만, 이제 욕심을 멈추고 원고를 마무리하려
합니다.

이 책은 많은 분들의 애정과 도움으로 만들어진 책입니다.
진심 어린 코멘트로 책을 완성시켜준 박은성, 김형석, 임미진,
김종원, 김진영, 이규희 님. 인터뷰와 함께 글감을 정리해
준 롱블랙팀. 멋진 디자인으로 책을 완성시켜주신 석윤이,
정아영 님. 인터뷰 수록을 흔쾌히 수락해주신 김지수,
홍석우 님, 교정과 교열을 챙겨준 현선 님. 바쁜 중에 함께한
기억들을 글로 남겨준 김봉진, 전우성, 장인성, 신명섭,
홍성태, 여민수, 김형석, 김형우 님. 그리고 편집자로서 자료

262

정리를 돕고 책의 완성에 가장 큰 역할을 해준 나의 파트너
김명수 대표. 모두 정말 감사합니다.

마지막으로,
지금의 나를 있게 해준 어머니 박미자 님, 그리고 아내 지윤.
고맙습니다.

일의 감각   Work and Sense

2024년 11월 10일 초판 1쇄 발행
2025년 1월 6일 초판 10쇄 발행

지은이. 조수용
펴낸이. 김명수
펴낸곳. B미디어컴퍼니
디자인. 모스그래픽 석윤이 정아영
저자 사진. 박지윤
교정 교열. 현선

주소. 서울시 용산구 대사관로 35 (한남동)
전화. 02-540-7435
홈페이지. www.magazine-b.com
이메일. info@magazine-b.com

ISBN 979-11-93383-19-3 (03040)
Printed in Republic of Korea